这样教学生才肯学

增强学习动机的150种策略

[美] James P. Raffini◎著　梁　平　宋其辉◎译

华东师范大学出版社

·上海·

本书中文简体字版由华东师范大学出版社与 Pearson Education（培生教
育出版集团）合作出版。

上海市版权局著作权合同登记　图字:09 - 2008 - 641 号

目录

序 1

第一章 导论 1

内在动机 3

自主需求 3

胜任需求 5

归属感与联系感需求 7

自尊需求 9

参与和享受需求 10

TARGET 结构 12

任务结构(T) 12

权力结构(A) 12

奖励结构(R) 13

分组结构(G) 13

评估结构(E) 14

时间结构(T) 14

第二章 增强学生自主性的策略 16

关于增强学生自主性的建议 16

策略 2.1 免做作业圆牌 18

策略 2.2 新闻编辑室 20

策略 2.3 目标卡 22

策略 2.4 "浮动的 A"优待券 25

策略 2.5 质量检核表 27

策略 2.6 选择阅读分数 29

策略 2.7 核实评价项目 31

策略 2.8 自我意识与职业选择 33

策略 2.9 目标纪录簿 35

策略 2.10 由学生出题 37

策略 2.11 修饰句子 39

策略 2.12 自陈报告卡 41

策略 2.13 社会科竞赛椅 44

策略 2.14 先行组织者 46

策略 2.15 和平使者 48

策略 2.16 健康的觉知 50

策略 2.17 情绪表情图 53

策略 2.18 选择训练方式 55

策略 2.19 用脚投票 57

策略 2.20 教师顾问计划 59

第三章 增强所有学生胜任力的策略 62

关于增强所有学生胜任力的建议 62

策略 3.1 已知—想学—已学列表 64

策略 3.2 未写出的对话 66

策略 3.3 推估先生 68

策略 3.4 图解笔记 70

策略 3.5 全班参与的反思式问答 72

策略 3.6 合诵诗 74

策略 3.7 数学读心术 76

策略 3.8 纵横数字谜 79

策略 3.9　心灵想象　81

策略 3.10　助教　83

策略 3.11　成功学习契约　85

策略 3.12　字词分类　87

策略 3.13　举隅法　89

策略 3.14　数学日记　94

策略 3.15　符合我的分类　96

策略 3.16　消除失败　98

策略 3.17　评分指标　100

策略 3.18　"我能"罐头　103

策略 3.19　终结"我不能"　105

策略 3.20　一小时读一本书　107

第四章　增强归属感和联系感的策略　109

关于增强学生联系感的建议　109

策略 4.1　合作的两难问题　111

策略 4.2　测量动机氛围　113

策略 4.3　感谢网　115

策略 4.4　头脑风暴　117

策略 4.5　螺母和螺栓　119

策略 4.6　随机分组　121

策略 4.7　破冰活动　126

策略 4.8　大小伙伴　128

策略 4.9　热带雨林论坛　130

策略 4.10　五个正方形　133

策略 4.11　自信的、侵犯的或者被动的反应？　136

策略 4.12　橡皮糖塔　140

策略 4.13　小组的幻灯片　143

策略 4.14　风车　145

策略 4.15　信息大师　148

策略 4.16　多元文化节庆活动　150

策略 4.17　你能登顶吗？　152

策略 4.18　陷入困境　154

策略 4.19　班级照相簿　158

策略 4.20　超级方块　160

第五章　增强学生自尊的策略　162

关于课堂内增强学生自尊的建议　162

策略 5.1　三维自画像盒　164

策略 5.2　丑小鸭　166

策略 5.3　赞美之词　169

策略 5.4　名字虫　172

策略 5.5　生活经历线　175

策略 5.6　相似轮　177

策略 5.7　我的"自述书"　179

策略 5.8　即可贴鼓励语　181

策略 5.9　诞生之日　183

策略 5.10　性别透视　185

策略 5.11　随机行善　187

策略 5.12　性别之旅　189

策略 5.13　静默交流解决方案　192

策略 5.14　关心卡　194

策略 5.15　常驻专家　196

策略 5.16　名字和身体藏头诗　198

策略 5.17　谁与我相像？　200

策略 5.18　通缉海报　202

策略 5.19　家庭档案　204

策略 5.20　成就和目标单　206

第六章 激发学生参与学习和享受学习的策略 208

关于激发学生学习兴趣和享受学习的建议 208

策略 6.1 角色转换日 210

策略 6.2 函数计算器 212

策略 6.3 节奏匹萨 214

策略 6.4 动物的事实或者虚构 216

策略 6.5 定向越野赛跑 218

策略 6.6 引导预期 220

策略 6.7 了解作者 222

策略 6.8 好奇问题 224

策略 6.9 如何计分? 226

策略 6.10 放大模型 229

策略 6.11 农夫的难题 231

策略 6.12 词汇飞溅 233

策略 6.13 圆桌说唱 236

策略 6.14 "15" 240

策略 6.15 笔友野餐会 242

策略 6.16 钓鱼 244

策略 6.17 人工加法器 247

策略 6.18 发言筹码 250

策略 6.19 爆米花学 252

策略 6.20 地板拼图 255

译者后记 257

序

美国前教育部长泰洛尔·贝尔(Terrell Bell)曾说:"关于教育,有三件事要牢记——一是动机,二是动机,三还是动机。"本书的主要目的就是:为中小学教师提供处理这个重要问题的实用方法。

对很多教师而言,不能直接掌控学生的学习动机,使他们充满挫败感和无助感。当面对这种问题时,有些教师援引这句古谚"引马池边易,使马饮水难",以示束手无策之无奈。有些教师则用惩罚或者贿赂学生的方式,来激发学生学习。

很多学生憎恶被教师控制。"你不能让我做这件事情!",一些学生用这样的话来顶撞老师;而其他学生则以事不关己或者无动于衷来表明他们的自主性;还有一些学生会完成最少量的要求,以获得奖赏或避免受到惩罚。

然而,教师对学生的动机并非毫无影响力。虽然我们不能让马饮水,但是,如果我们在把马带到饮水槽之前先喂它们一桶盐的话,我们就能增加他们喝水的可能性。只要在课堂中能够提供条件,满足学生自主、胜任、联系感、自尊和享乐等学业心理需求,教师在激发学生内在学习动机方面就拥有强大的影响力。

本书提供给教师的不是盐,而是50个建立在研究基础之上的建议和100个经过教师验证过的教学策略,这些策略能够帮助学生体验来自学习的内在满足感。这些动机策略是笔者在《没有失败者,全是赢家——提高学生学习动机的结构和策略》(*Winners Without Losers：Structures and Strategies for Increasing Students Motivation to Learn*)一书内容之外所提出的策略,该书1993年由Allyn and Bacon公司出版。

在《没有失败者，全是赢家——提高学生学习动机的结构和策略》一书中，作者以研究为基础，广泛讨论了传统教育如何导致学生憎恶学习的结构因素。本书也提供了许多有助于克服这些结构问题的课堂改善策略，但没有重复那些讨论，而是大量用于提高学生课堂学习内在动机的实用活动与建议。

本书中的观点是众人贡献的结晶。我要特别感谢许多教师，他们以研究生的身份共同分享信念与观察所见，努力开发能够满足学生学习心理需求的策略。我曾经试着将功劳归功于这些提出各种建议的人士，如有遗漏，在这里深表歉意。

第一章

导论

在激发动机时,奖励和惩罚是很多教师经常使用的工具。尽管这两种长期使用的策略能够控制学生的很多行为,但是对这两种策略的滥用可能会严重削弱学生参加被控制活动和行为的内在动机。学生学习的原因很多,但是奖励和惩罚对学习的控制越多,学生所学知识内化的就越少。我们可以用五角星激励学生记住单词表上的单词或威胁学生放学后留下强迫学生记住单词表上的单词,但学生的注意力将集中在赚取五角星或避免受到惩罚上,而不是集中在这项活动的价值或有益之处。

比如,用匹萨饼来引诱学生阅读,那么阅读的目的就被转移并弱化了,同时学生在阅读方面的自我决定感被颠覆。根据阅读情况决定是否提供匹萨饼就是告诉这些年轻的读者,阅读的主要目的是获取免费的匹萨饼。这项计划起作用吗?当然起作用了。它激励学生为了赚取匹萨饼去阅读。但很不幸,父母和教育者可能会被这种短期的利益所诱惑,它们的长期后果却可能要比几个匹萨饼更为昂贵。根据心理学家 John Nicholls 的观点,这项计划的长期后果很可能是出现很多"不喜欢阅读的胖孩子"(Kohn, 1991)。

如果一家匹萨饼连锁店真正想培养儿童对阅读形成源于内心的喜爱,对调阅读和匹萨饼这两个变量将会更好地实现它的目标——不是用匹萨饼作为阅读的奖励,而是用阅读作为吃匹萨饼的奖励。比如,学生每吃一块匹萨饼,他将得到当地书店的一本书的免费书券。在这种情况下,有价值的是阅读本身,而不是匹萨饼。在当前追求免费匹萨饼的计划中,很多年轻的读者正在被不必要地引向挑选最短、最简单的书籍以获得最大的回报,而放弃阅读的内在享受和挑战。

有100多项研究证明:外在的奖励和惩罚会削弱很多活动的内在动机。对这个观点的完整的讨论和评论可以看 Lepper 与 Greene(1978)、Deci 与 Ryan(1985)、Kohn(1993)和 Raffini(1993)的论著。

下面的剧本提供了这个过程的简单的戏剧化翻版:

曾经有一位聪明的教授,退休以后整天欣赏古典作曲家的恬静的音乐。他的富有现代化气息的房子与一个安静的公园相连,在那里他自在地度过每一天,倾听音乐,观赏四季变换。在一个春天的早晨,当莫扎特的乐声在房间里飘荡时,一群十几岁的年轻人出现在附近的公园里。他们整个上午都在说笑,伴着超大号录音机的扬声器传出来的摇滚歌手刺耳的歌声。尽管教授开大了音乐的音量,关闭了门窗,仍然不能阻止喧哗声压倒优美的莫扎特的旋律。

在喧闹持续了几天后,这位心理学家试图改变这些吵闹的年轻人的行为。他有几种选择:

(1)他要求这些年轻人转移到公园的另一个角落;(2)他去买更大的扬声器,向对手播放贝多芬的音乐;(3)他可以因太吵闹训斥这些年轻人,并威胁报警;(4)如果他们不再回来,他付给每人一美元。

聪明而富有经验的心理学家清楚,这四种选择都有问题:尽管他很想用贝多芬的交响乐与重金属乐较量,但是他知道这种方法会打乱自己的平静;他还知道这种要求常被当成命令,因而很容易遭到拒绝;这种威胁通常会使权力斗争逐渐扩大;用钱来阻止年轻人只会增加这种事情再次发生的几率——经常使其他人也想要得到相同的奖励。因此,他选择了第五种方法。

第二天早晨,这些年轻人在继续吵闹。当他们准备离开公园的时候,老人从家里出来,告诉他们,他很喜欢听他们的音乐和笑声(多年的心理研究经验告诉他,为了达到科学的目的,有时候欺骗是必须的)。他说,如果他们明天再来,他会付给每人一美元。受到轻而易举就能赚钱的刺激,这伙年轻人欣然同意。星期二早晨,他们按照约定继续来到公园,高兴地拿走付给他们的报酬。心理学家要求他们星期三再来,但是这次他每人只付 50 美分。这些年轻人同意了,并且第三天也来了,于是心理学家马上将周四的报酬减少到 25 美分。他们勉强同意了。最后,在周四,心理学家给每个孩子 25 美分,并告诉他们,他将不再付钱给他们。孩子们怒气冲冲地说,如果没有报酬,他们不再放音乐——聪明的心理学家再也没有看到这伙年轻人。(Raffini, 1993, pp. 63 - 64)

就像前面引用的内容,对奖励和惩罚在学生动机方面的效果研究和理论分析,已经评述过了。本书的目的是向教师提供用于提高学生的学习兴趣和内在动机的、不同于惩罚和贿赂的实用方法。为了理解这些方法的结构,有必要审视内在动机的性质。

内在动机

内在动机是除了对事情本身满意——激发我们去做不是必须做的事情的理由之外,没有任何强迫的原因去做一件事情。许多心理学家认为人类本身具有去寻找和战胜挑战的内在动机,这一点在儿童身上表现特别明显。当儿童遇到挑战时,如从婴儿床中出来,开门,或系鞋带,他们经常花几个小时来战胜它。当然,任务必须在他们的能力范围内,如果太难,他们或者会在挫折中大哭,寻求帮助,或者放弃直到具备了战胜它的必备技能。如果任务太容易,他们很快就会放弃它,转向更难一点的挑战。我们从没听到父母抱怨还没有上学的孩童没有学习动力。

寻找和战胜挑战的欲望是课堂学习内在动机的核心。它以学生的学业心理需求为动力:控制自己做决定(自主);做事情使他们有成就感(胜任);感觉比自己本身更强大(归属感和联系感);自我感觉良好(自尊);在做的事情中找到快乐(参与和刺激)。

自主需求
个体寻求一种人类机能作用的品质,而决定自己行为的欲望在这一品质中处于核心地位；人类天生需要感到独立自主，要自主控制生活。当个体可以根据自己意愿行事时，自我决定需求得以满足——做他们想做而不是他们不得不做的事情。其核心是有选择的自由并进行选择，而不是根据别人的意愿或者受他人威胁行事。

在课堂上，教师常用奖励或惩罚来控制学生的行为。虽然这两种方法可以很有效地影响和控制学生的学习和行为，但是它们常会压制学生的自我决定。著名瑞士心理学家皮亚杰（Jean Piaget）认为，当使用奖励和惩罚影响儿童的行为时，成年人在逐渐弱化儿童自主能力的发展。根据皮亚杰的观点，惩罚是一种外部控制行为的管理方法，通常会导致受控制的学生盲目循规蹈矩、欺骗或者反叛。那些选择变成循规蹈矩的人不需要做出决定，他们需要的是服从。其他的孩子用欺骗的方法来避免受到惩罚。当父母或教师说"不要让我再次抓到你那么做"时，孩子们会用努力不被抓住来回应。尽管对奖罚系统已经适应，但在面对受到惩罚的压力时，孩子们开始抗拒则意味着他们重新展露出自主需求。

用符合逻辑的结果，而不是惩罚，可以鼓励学生审视他们的不适当行为。通过与教师对话，学生可以关注他们行为的明确效果和自然结果。〔有关符合逻辑的结果和惩罚之间的不同的讨论可以看 Albert（1990），Dreikurs、Grunwald & Pepper（1982）和 Raffini（1980）的著作。〕使用外部奖励来控制行为也会逐渐弱化自我决定能力和自我决定需要。当学生在课堂上失去了自我决定的意识，他们就不能再控制做什么、如何做和什么时间做。

很明显，婴儿生来受制于人，需要成人不断的照料、管教和控制。然而他们对周围的事物充满好奇，要抓住一切能触到的、正在晃动的、有味道的或者可以咀嚼的东西，然后把抓到的东西扔到一边再去抓新的。在婴儿走路不稳阶段，大约从 18 个月到 3 岁，婴儿开始具有强烈的自主欲望，并且要求从成人的控制下取得独立。当父母给予合理的肯定，对这些要求没有过度反应时，婴儿觉得充满自信，开始练习对行为的自我控制。

当学生进入青年期，他们又开始主张自我决定需求。当开始解释自己身份的意义时，他们发现越来越难以接受成人的指导。教师越坚持把自己的意志和决定强加于学生身上，学生就越抵制。教师和学生之间的很多冲突都有这样的话，"你不能命令我和告诉我做什么"，紧接着的回答是"是的，我可以"。接受年轻人自我决定需求是帮助他们负起行为责任和承担后果的第一步。他们独立探索、接受挑战、解决问题的欲望为内在动机行为提供了基础。

学生对自我决定需求的满足主要是获得权力和控制自己的生活。这个过程说明所有的学生对命令都有天生的抵制，如"坐下"，"把你的书拿出来"，"注意"，"做练习 1 到 10"或者"不要再逗弄沙鼠"。有的学生知道这些要求的目的，压抑住抵制的欲望，选择了服从；其他学生或许同意这些命令是必须的，但是一想到被别人控制他们就愤怒，他们经常通过抵制来坚持自我决定。你如果在房间里看电视，而别人控制着遥控器，你就能体会到被别人控制的挫败感。

第二章提供了常用的十条建议和二十条具体动机策略，教师可以用来帮助学生开发和维持课堂中的自我决定。

胜任需求

除了自主需求外，个体需要在理解和控制环境的过程中有成就感。这种胜任需求激励人们去使用那些能够让他们自我感觉良好的方式来做事。

这种观点好像与在中学、高中课堂中看到的学生的很多行为相矛盾。例如，我们怎么能把 Eric，这个学季已经缺勤 22 次英语课的学生，或者 Leslie，在四个星期里没有做过一道数学家庭作业的学生与他们的胜任需求联系在一起呢？虽然这个问题很难回答，但是当所有因素都相同时，学生并不会忽视胜任这个问题。进一步而言，通常要保护脆弱的自我价值感的欲望，使那些不成功的学生缺乏参与学习的兴趣。他们认为，不努力，相对于努力去做而不能体验到成功来说，自己的自尊受到的威胁比较小。在不断用头撞墙之后，停下来感觉会很好——即使其他人鼓励你继续撞墙。

Robert White（1959）是第一批声称所有人都有内在胜任需求的心理学家之一。他对胜任的界定是：与周围环境有效互动的宽泛的欲望。他认为控制的欲望为探索、理解、征服环境的行为提供动力。White 所称的"有效行为",涵盖了从婴儿抓住任何触手可及之物并放入嘴中的不可抵制的冲动,到极度专注的教师专心致志于教学单元的备课,以至于忘记时间,忽视其他义务,甚至忘记家庭的需要。对胜任的需求有时非常强烈以至于人们经常是当他们陷入困难或感到痛苦时还在坚持工作。小孩子不会因为摔倒而不再尝试学步,成年人也不会因为某个具有挑战性的观点很复杂而不努力去掌握它。

利用学生对胜任需求的本能,引导他达成课堂目标,是教师面对的最大挑战之一。不可能精心设置一种环境使得 20 到 35 个学生都有机会追求个人的胜任力。然而,如果教师说服学生主动去做他们被要求做的事情,那么激发学生的内在胜任需求,将会是向最终目标迈出的有益的一步。

学生在做一项活动时感受到的成就感越大,他们由内在动机驱动坚持这项活动的动力就越大。当然,这要假设,活动要在由自己决定的环境中进行,并且能给学生带来持续不断的挑战。例如,如果一个学生对一种技能掌握到一定程度,再提高已经不明显或不可能再提高,他或她会放弃这项活动而转向新的挑战。音乐家或运动员对这种让人灰心的情形感受特别明显,在他们到达看似无法超越的稳定状态时就是这种体验。学生学习速度有差异,这成为教师为学生提供挑战任务的难点。大量的研究显示,当学生自由选择一项活动时,大多数会挑选一项能提供中等挑战程度的任务。然而,那些学习失败或在坚持不懈地努力掌握一项活动后被剥夺了胜任感的学生,将来很可能会避开这种活动;当不能避开时,他们便不会全力以赴,而是有所保留。你只要看看被丢弃在储藏室或阁楼间角落里的高尔夫球杆或羽毛球拍,就会重视维持激发内在动机活动所必须的成就感或提高感。

意识到胜任和自我决定需求的重要性对于增强课堂内在动机是至关重要的。只要看一看一个 12 岁的孩子操纵一个 Mario 兄弟通过电脑生成的 Nintendo 迷宫,就能清楚地证明由获得胜任感需求产生的毅力和能量。这些电脑游戏中的复杂程序为各个层次的玩家提供了无限的挑战进步;随着他们熟练度的提高,新手和专家会花几个小时沉迷在这些挑战中。

父母经常限制孩子玩这些游戏的时间，没有家长要求孩子玩这些游戏。当有玩游戏的自由后，孩子们就能选择玩什么游戏和玩多长时间。然而，就像那个聪明的老心理学家知道的一样，一个人的自主感会受到别人的影响和操纵。

第三章提供了十条建议和二十条具体动机策略，教师可以用它们来帮助学生发展课堂内的胜任感。

归属感与联系感需求

归属感和联系感需求对学生内在动机有着重要影响。被同辈认可和接纳是所有学生的心理需求。因此当同学间广结友谊、愿意相互帮助、相互支持时，成就感会加强。在很多班级中，学生"缺乏动机"可以归咎到真实的或想象中的被同辈孤立或拒绝，并被标榜为"脑残"、"笨蛋"、"迟钝"或被嘲笑为"邯郸学步"。

阿德勒心理学（Adlerian psychology）对理解和减少恐惧非常有用。它以人类行为源于社会情境为原则，认为发展社会和心理归属需要是儿童期的主要挑战。阿德勒心理学家用"社会兴趣（social interest）"表示个体发展人与人之间的归属感的能力和为公共利益作出贡献的意愿。美国阿德勒心理学的开创人 Rudolph Dreikurs（1968）认为，人类有归属于一个群体的基本欲望。他认为，人成年后，没有比感到孤立、被抛弃和孤独更痛苦的事情了。

Dreikurs 还认为，由于孩童在成长过程中周围都是大人，他们会体验到社会自卑感。随着他们逐渐被父母、同辈和教师接纳，自己的权力受到重视，很多学生便能克服这种自卑感。被接纳是他们在社会角色中建立个人安全和自信的基础，同时能为学生提供因相互利益而与他人联系在一起的动力。但是有一些学生并没有如此幸运，与兄弟、姐妹和班级同学的不断比较，增加了他们的社会自卑感，迫使他们寻找弥补这种自卑感的方法，或者不再参与社会活动。

一些个体试图通过努力来自我提升，或者通过比别人好的优越感来弥补社会自卑感。这个竞争社会好像鼓励这种垂直努力，但是这种行为的危险性在于会失去更为广泛意义的社会归属感和安全感。而有些人则放弃了这种竞争努力，走向绝望。

Dreikurs 警告说，在民主社会里，养育孩子是一件特别困难的事情，贿赂、威胁、奖励和惩罚与民主平等目标和选择自由常常截然相反。虽然在很多家庭和课堂里，这种现象并不明显，但是民主需要我们同等地尊重每一个孩子和学生，而父母和教师不断地把他们的个人权力施加在孩子身上时，这种尊重被降低了 (Dreikurs & Soltz, 1964)。

当来自不同经济、种族和社会背景的学生在教室中聚在一起，每个人都积极争取群体中的一个位置。通过实现教师和同辈的社会期望和学业期望，通过对群体的团结作出贡献，很多人形成归属感并被接纳；其他人则在争取得到大家接受和认可的过程中受挫。当他们注意到获取社会归属感的建设性的方式行不通时，他们就被迫寻找灵活的、反社会的方法来获取地位。班级小丑、愤怒的反叛者、邪恶的坏蛋、无望的被动睡觉人，甚至"老师的宠物"也在努力以自己的方式获取地位、被接纳和获得社会归属感。

有些学生认为，在学校功课中表现优异、在队伍中排在第一位、第一个完成作业，将会使他们得到急切寻求的认可和赞同。不幸的是，他们的行为不但不能提高他们的自信或独立，反而让他们对其他人的赞同产生长期依赖。

就像 Dreikurs 警告说的，在学生的生活中没有比被别人拒绝更有影响力的事情。在教师的领导下，教室，或者为所有成员提供支持和赞同，或者成为不断竞争的场所，而这种不断竞争把接纳和拒绝一分为二。使归属感和联系感需求得到满足，这为学生冒险探索和扩张他们认同的限制提供了必要的安全性。

罗切斯特大学的 James Connell、Richard & Ryan 和 Edward Deci (Richard & Ryan, 1984；Deci & Ryan, 1985) 提供了关于学生联系感的一个近期研究得出的观点：联系感是学生基本的心理需求，这跟 Dreikurs 的观点一致。在学校情境中，Connell 把联系感界定为：在学生生活中，学生对他们自己和对他们生活中的重要人物——特别是父母、教师和同辈的情感安全感的程度。根据 Connell、Ryan 和 Deci 的学生动机模型，当学生感到与同学、教师和父母联系在一起,而不是感到被孤立或被疏远时,学生会感觉比较好,内在动机也比较强,学习便会更努力。

第四章提供了十条建议和二十条具体的动机策略,教师可以用来帮助学生发展课堂中的归属感和联系感。

自尊需求

在广泛地论证和仔细地考虑之后,加利福尼亚提升自尊和个人社会责任机构(The California Task Force to Promote Self-Esteem and Personal Social Responsibility)认为自尊有三个部分组成:欣赏自己的价值和重要性,具有对自己负责的性格和对他人负责的行为(Reasoner,1982)。这个由三部分组成的定义对那些正在寻找提升学生自尊和学习内在动机方法和策略的教育者非常有用。在检验该定义每部分之前,它可以帮助我们区别“自尊(Self-Esteem)”与“自我概念(Self-Concept)”这两个词。人的自我概念是指个体对自己的力量、弱点、能力、价值和禀性的理解。自尊,就像自我价值,指的是个体对自我各方面的优点或价值的判断。例如,某个学生可能有这样一个自我概念:他是一个不协调的运动员。是他赋予运动的价值决定了他对自己的看法如何影响他的自尊。

加利福尼亚提升自尊和个人社会责任机构对自尊定义的第一个组成部分是关注确认人类固有的价值和重要性的意义。学生增强和保护自尊感的欲望使他们寻求能产生骄傲和成就感的体验,而避免引起自我感觉没有价值的体验。

该定义的第二个组成部分是“对自己负责的性格”。性格源于一个健康积极的自我价值,而这必须在一个充满爱的家庭和学校中得到培养。然而教室中的现实是,很多学生来到学校,没有体验过让他们对自己感觉良好的爱和照顾。为了增强这些学生积极的自尊感,教师除了营建课堂环境,培养人的诚实品质、性格和责任感之外,别无选择。

该定义的最后一个部分“要对他人负责”,指的是当个体学会肯定自己价值的同时,也要学会尊重他人的唯一性。重视他人之间的差异性,则需要学生要有一个坚实的自我价值基础以及倾听同辈的想法和情感的愿望。很多学生的不安全感和自我怀疑使这比看上去要困难得多。

它需要教师有意识地、系统地提供活动,帮助学生体验他们的唯一性和价值,学习移情式倾听,对自己的行为负责。

建立同一性对发展积极的自尊过程很重要。从学生小时候开始,学生的同一性逐渐形成,这源于他们收到的来自他人的和自我评价的反馈。教师在这个发展过程中起着重要作用。当学生学习更为准确的自我描述时,教师通过使用积极的信息反馈帮助学生建立自己的唯一性。

形成强烈的自我意识过程在青少年期显得尤为重要,涉及到个体在寻求"我是谁"的答案。在学生努力弄清楚"自己是谁"和"自己将走向何处"时,他们开始形成坚实而安全的自我同一性。自我定义的过程并不总是容易解决。一些年轻人不能诚实地面对"他们是谁"这个问题,而是选择确认被父母或同辈的期望所描述的更可为社会所接受的同一性[Edgar Friedenburg(1959)在他的《消失的青年人》一书中痛心地描述了这个过程]。

青少年深深陷入自我同一性这个问题之中,使青年期变得空虚,充满困惑。虽然困惑期是建立自我同一性的一部分,但是他们在青年期毫无目的地漂流,就像驾驶着一艘不知如何控制的无舵的船,却要横跨海洋。

学生在自我界定的过程中不可避免会产生令人受挫的困惑和矛盾,而教师很容易对这种困惑和矛盾失去耐心。如果学生要在通向自我的航行中成功地着陆,则需要教师鼓励他们探索自己的选择,及时反馈学生的优缺点并且无条件接受。

第五章提供了十条建议和二十条教师帮助学生发展和维持课堂中积极自尊的具体动机策略。

参与和享受需求

精神病专家 William Glasser 认为,对玩乐的需求是人类的基本需求之一。虽然"玩乐"这个词有多种解释,但是它指的是人们寻求能提供生理、社会、认知或心理愉悦的活动。

教育者在设计课程和教学计划受阻时,常常忘记了学生对于参与和享受学习的需求。当要求得到明确的学习结果的压力不断增加时,我们就不难理解为什么强调学习结果能代替学习过程并偶尔挤掉学习过程。

如果教师真想鼓励学生花大量的时间来学习，他们必须在清楚地理解学生对参与和享受需求的条件下设计教学过程，否则就会使学习变得枯燥和学习结果肤浅。

根据定义，激发内在动机的活动为个体提供玩乐或享受，尽管玩乐和享受不仅仅是激发内在动机的活动。承担外部目标的很多活动也能满足类似的需求。例如，如果教学活动后没有回报，没有教师能够持续教授。但事实上很多教师在工作中发现许多乐趣。当要求学生描述教师教授的哪一门课程他们最用功、学习动机最强时，学生参与与享受的欲望表现得最明显。他们的描述永远不变，永远是那些对课程内容充满热情又有各种方法使学习活动有趣而又令人愉快的老师。然而，就像心理学家 Raymond Wlodkowski(1978)说的，"令人愉快"这个词在学校里经常声名狼藉。显然很多教育者认为学习是一件苦差事，如果是令人愉快的，它就不够严肃或没有意义。然而，这种观点一再被学生对高度激发他们尽力去做得最好的课堂描述所驳斥。正是这些课堂，学生最愿意花大量时间学习并实现课程目标。

当教师仔细思考他们作为学生时的体验时，他们经常确认这一点：刺激和令人愉快的学习不一定就肤浅。乐趣和努力学习经常结伴同行。很多年前杜威(John Dewey)说过："当儿童认为他的工作是一项任务时，只有在被迫的条件下他才会投入。每当外部压力停止，他的注意力便从限制中释放出来，飞到他感兴趣的地方"(1913，p. 2)。

激发学生的兴趣不仅仅是使他们的视觉或听觉兴奋。富有激情的教学的核心是挑选与孩童当前的体验和需求相关联的教学程序和活动。

电视利用观众的被动接受，使用视觉和听觉刺激，不断地重复灌输图像和建立产品认知。然而，作为教育者，我们需要不断地提醒自己，有意义的学习要求学生通过动态的分析和剖析新信息的交互过程，积极建构所授知识的个人意义，接着把信息的解释与已理解的知识整合起来。有意义的学习产生参与，参与是开始享受学习过程的先决条件。总之，当理解和应用成为目标时，大脑必须积极地参与到意义构建中。

第六章提供了十条建议和二十条具体的动机策略，教师可以用来激励学生学习时的参与和享受。

TARGET 结构

以下 100 条动机策略中的每一条策略都界定了课堂操作结构,这些策略在课堂中能发挥作用。Epstein(1989)提出的这个框架能帮助教师界定课堂中的领域,这些领域有助于发展学生的适应性动机目标和内在动机。她用缩略词 TARGET 来表示这六种结构,分别是任务(Task)、权力(Authority)、奖赏(Reward)、分组(Grouping)、评估(Evaluation)和时间(Time),教师可以用这些结构营造课堂氛围支持学习目标和内在动机。

任务结构(T)

课堂中的任务结构,指教师对要求学生完成的学习活动或任务的组织、组合和设计。根据 Epstein(1989,p.93)的观点,"它包括课程的内容和顺序、课堂作业和家庭作业的设计、工作的难度、完成任务需要的材料。"虽然具体的年级或班级的具体目标和学习结果通常是预先设定的,但是教师决定如何设计教学活动才能使得这些学习结果有很大的灵活性。例如,教师可以决定作业难度和要求对全体学生都是一样的呢,还是修改成适合个体或小组的需求呢。教师也可以决定设计强调教授式的线性方法,或设计成强调发现式的或问题解决式的结构。

为了培养全体学生的成就目标,教师有责任对任务进行规划,为学习较快的学生和学习较慢的学生提供挑战。教师通过理解学生的技能和已有的知识,来修改作业以适合个体差异,设计对某些学生既不太容易而对其他学生又不太难的学习活动。所有学生都想要清晰明确的行为标准,但是只有变化学习任务的结构,学生才能体验到通过合理的努力取得的成功,从而保证为取得学习结果而不断前进。

权力结构(A)

根据 Epstein 的观点,课堂中的权力结构,指的是在教师和学生之间做出决定的本质。"在某种环境中,只有教师有权力;在其他环境中,教师和学生共享以下责任:做出决定,给予指导,管理监督工作,设定和强化规则,建立和提供奖励,评估学生成果和教师质量"(1989,p. 94)。课堂中的基本权力或控制依靠的是教师,这一点很清楚。教师如何分享这种控制,才能影响学生在学习过程中的投入。

奖励结构(R)

根据 Epstein 的观点,课堂中的奖励结构,是指教师用来加强学生成就感的程序和实践。教师在给予奖励时有高度的选择性,决定什么样的学生、什么样的行为和什么样的成果值得强化,教师可以非常慷慨。然而,前面我们已经讨论过,当奖励逐渐削弱学生的自主性时,奖励可能会使学生失去内在动机和削弱自我决定力。

但是奖励的确能界定教师认为重要的成果和行为,当奖励被用来传递在这些活动中学生能力的信息时,奖励能加强学生的学习动机。Epstein 认为,在大多数学校中,只有少数学生收到过通过奖励传达的认可和强化。她建议,如果教师试着记住学生过去的成就和技能、学生正在为之努力的计划或目标、学习结果或实际技能,就有可能设计更为广泛认可所有学生的努力和成果的奖励结构。比如,了解一个学生过去的成果和目标,能帮助教师记住学生"个人最好"成果的记录,因此就能更公平合理地奖励学生的进步。根据 Epstein:

> 在评估的三个要素——历史,计划和结果中,在大多数学校的很多科目中,只有结果控制奖励结构。如果忽视奖励结构,教师就会发现,分发成绩、荣誉和其他奖品会支持和奖励一些学生的努力,而相同的做法却会疏远和破坏其他学生的努力(1989,p. 95)。

分组结构(G)

分组结构指的是因教学活动需要将学生分开和组成小组的方式。在教育中还没有哪种做法像根据学生的学业能力分组而倍受争论的。支持根据能力分组的人认为,教师可以在满足学生需求上做得更好,通过将能力相似的学生结合在一起或分组,学习成绩的差异就会缩小。能力分组的最强有力的支持好像来自异质小组对能力更强的学生的效果。

很明显,这超出了我们的讨论范围,超出了探讨有关能力分组的争论和研究支持和反对能力分组的立场。Oakes(1988)认为,像"教育者对探索能力分组不再抱有幻想,他们也不必把婴儿(对尖子生的利益)和洗澡水(对其他学生可能的不利)一起泼出去。"能力是易变化的而不是固定不变的,重建课堂,允许学习速度上有差别,让各种能力的学生在一起学习会受益将是可能的。Ames(1990)认为,当课堂提供灵活的异质分组,让学生有机会多次分组时,课堂上学生的内在学习动机就会增强。

评估结构(E)

TARGET 界定的支持可掌握的目标和内在动机的第五项课堂结构是评估。这个结构指的是教师建立期望,然后测量和判断与这些期望有关的学生表现的方式。Raffini(1993)提供了有关学生学习动机的标准参照和常模参照评估程序效果的讨论。在这里将不再重复。下面有Epstein 做的评论就足够了:

> 一种有效的评估结构包括三部分:1.有价值的、有挑战性的、可以达到的标准;2.公平合理而又清楚的管理监督进展的程序;3.有关进展的清晰频繁的信息。它应引导学生对自己的努力、能力和提高有一个更高层次的理解。无效的结构,不给学生如何改进或改进什么地方的信息,或设定的标准难以达到会使学生处于尴尬的境地或让学生困惑,并误导学生的努力(1987)。

因为常模评估人为地控制了能够体验到成功的学生的数量,当将学生的成果与一目了然的表现标准相比较时,当学生有充足的时间掌握必备技能时,很多学生将会有动力去努力学习,因为他们知道只要自己努力,成功的机会是公平的,而这一点是显而易见的。

时间结构(T)

培养掌握目标和支持学生内在动机的最后一个操作性课堂结构是分配到学习任务上的时间量。Spady(1988)认为,目前的教育范例是基于把教学时间作为一个常量。比如,生物学一般是在大学一年级或二年级的 180 个教学日里,学生每天花 45 分钟来学习。当然,学生的生物学的学习结果各不相同。Spady 认为,基于结果的学习要对这些变量重新设计,变换主要变量。将成果需要变成常量,而时间成为变量。如果我们要求所有的学生都获得生物学科中精通或胜任的高水平,那么我们需要允许学习较慢的学生在 180、250,甚至 300 个学习日里每天分别花 45、60 或 90 分钟来学习。如果高水平的成果是一个常量,那么时间就必须是一个变量。

第二章

增强学生自主性的策略

学生的自主感或自我决定感需求对他们课堂学习的内在动机有很大影响。不管是哪个年级的学生,他们都想要自己自由决定做什么活动,采取什么行为方式。这种想要控制影响个人生活的决定的需求是内在动机的基础。当教师和学生能按照自己的意愿做事,而不是反复受更高权力意愿威胁做事时,自我决定需求得以满足。

构建学生自主感的唯一最重要的策略是向他们提供选择。学会做出选择才会承诺负责任,承诺负责任才会负起责任。反之,对自己的决定负责,或是愿意对自己的决定负责,才会形成自我决定感和自主感。

关于增强学生自主性的建议

1. **当有几项不同的学习活动达成同一目标时,允许学生自己从中做出选择**。虽然这个建议会使教师的工作更加困难,但这是一种构建学生自我决定和学习内在动机的强有力的方法。

2. **当课堂教学过程不是关键环节时,让学生选择决定如何实施此过程**。任何选择,无论大小,对学生自主感都有益无害。

3. **只要有可能,给学生提供机会,让他们决定完成作业的时间、地点以及顺序**。当面对选择和决定时,要求学生做出承诺。正是这种承诺会产生自主的内在动机行为。

4. **营造安全的心理环境,在这种环境中学生愿意冒险做出决定**。不安全感和缺乏自信使一些学生难以做出选择。保护学生不受他人的嘲弄和批评，提醒他们错误是学习过程中必须而自然的一部分，这有助于营造一种心理安全课堂。

5. **当学生的行为必须受到限制时，多花些时间对受限制的原因做出清晰且富有逻辑的解释。**"因为我是这样说的！"这远远不够好。

6. **当行为受限制时，承认有冲突的情感。**承认有冲突的情感会让学生知道，他们的思想和情感被理解。

7. **当必须要求或限制行为时，有效的控制要限定在最小范围内。**当必须要进行外部控制时，使用尽可能少的控制，同时增加学生最终认同限制或要求的必要性，这能帮助教师实现目标。

8. **当因一个学生的行为让教学难以进行时，使用符合逻辑的结果而不仅仅给予惩罚。**因为逻辑结构强调社会秩序的现实，而不是教师的个人权力。通过帮助学生对自己的行为负责，逻辑结果增强自我决定意识的可能性更大，而惩罚把这种责任放在教师身上。

9. **只要有可能，鼓励学生使用个人目标设定的方法，来界定、管理、实现自我决定的目标。**通过让学生自己控制志向和行为，帮助学生憧憬并确定可实现的目标，可以增强内在动机。

10. **尽量避免因学生的行为而给予"对错好坏"的评价，而是让他们对自己选择的结果负责。**当学生为选择的结果负责时，他们学会评价这些选择，而不是被评价或被贴上标签。

免做作业圆牌

目的

本策略的目的是使学生体验自主意识和对家庭作业的控制。

TARGET 结构

权力;时间

适用年级和学科

本策略可适用于各年级和需要布置作业并进行评价的学科。

步骤

本策略允许学生每个学期有一到两次机会不做作业而不受惩罚。在每个学期伊始,每个学生都会给予一个或两个免做作业牌(见图 2.1),可在他们没有时间完成作业时使用。当学生交作业时不必给任何借口或解释。当然,我们还是期望所有学生都掌握作业材料。

图 2.1 免做作业牌

为了防止免做作业牌的"黑市"交易，教师要向学生明确，每个学期学生只能得到两张免做作业牌。教师可以在成绩册上对它的使用做记录。教师会发现，一些学生在学期开始时就使用免做作业牌，而有些学生则留着它们。那些没有使用免做作业牌的学生有两种选择：可以返还给教师以换取自由时间，或者用它来换成奖励分加在平均成绩上。

教师可以用层压材料、硬纸板、或薄的胶合板等材料来制作免做作业牌。

变化

除了家庭作业之外，教师可以用免做作业牌交换其他的要求，或者用来去盥洗室或饮水。

新闻编辑室

目的

通过让学生自主选择信息并且把这些信息编辑在班级每周简讯中，以此来构建或增强学生的自主性，同时小组联系感也在学生分享信息时会得到发展。

TARGET 结构

任务；权力；认可；分组；评估

适用年级与学科

本策略可以在小学各年级中使用。

步骤

教师鼓励学生向每周一期的课堂简讯投稿，这些简讯将被复印并邮寄到学生家中。要求学生只能写发生在学校内部的活动。

为了帮助学生开始这项工作，教师在黑板上写下"昨天和正在发生的新闻"的几个标题。让学生在每一个话题下写一句话，要写发生在学校内部的某件事情。因为这项活动的目标是帮助学生成为更好的作者，小组可以给每位作者主动提供编辑建议。虽然要求作者改正明显的错误，但是他们可以选择做哪种类型的变化。当这些句子完成后，作者就可以把他们的句子转录到简讯纸上，简讯在周五复印，并寄到每个孩子的家中。

变化

由于空间和时间限制，教师有必要限制每周句子的数量。轮流选取作者,同样使用轮流编辑小组来给出修改建议。其他的志愿者可以把句子输入到班级电脑中,以简化编辑和印刷。具有更为先进技术的学校可以扫描包含在简讯中的学生艺术作品。依据年级水平,一些学生可能想写课堂活动的短篇描述。

来源:Gina Bailey,二年级教师。

目标卡

目的

　　本策略通过鼓励学生选择和完成个人设定的目标,可以帮助所有学生体验自主和成功。这些目标清楚地描述了每个学生自己界定的成功标准。

TARGET 结构

　　任务;权力;认可;评估;时间

适用年级与学科

　　本策略对小学高年级、中学和高中的所有学科领域都是有用的。

步骤

　　首先,告诉学生,他们将建立自己的个人目标卡。像信用卡一样,个人目标卡应放在一个安全、有保护的地方。因为是私人的东西,不鼓励学生之间相互分享。然后,让学生仔细考虑他们在将来希望实现的各种目标。这些目标可以包括上大学、买车、找工作,或仅是通过下周数学测试等。接下来,给学生 3×5 索引卡,要求他们在卡的一面写上"短期目标",在另一面写上"长期目标"(见图 2.2)。教师指导学生在标题下画出一道竖线把卡一分为二。卡的两面都要画线。(当教师解释这些做法时,可以在黑板上画出图 2.2。)从"长期目标"开始,学生要考虑两个个人目标或职业生涯目标,在读完高中后,他们希望实现这些目标。在选出两个最重要目标之前,他们可能需要一张草稿纸来列出几个目标。当他们完成这项任务后,让学生在线的一侧写下第一个目标,另一侧写下第二个目标。

短期目标

目标1：   目标2：

行动：   行动：

长期目标

目标1：   目标2：

行动：   行动：

图 2.2　目标卡

接下来，让学生把卡片翻到"短期目标"一侧，考虑他们希望在下个月完成的两个重要目标。这两个目标也要分别写在分割线的两侧。

有了这些短期目标之后，要求学生考虑出三到五个能够帮助他们实现每个目标的具体行动。例如，如果一个学生的目标是在英语论文中得A，那么他或她可能要做：

● 每天至少在论文上花两个小时的时间。

● 用笔记卡帮助组织和记录想法。

● 请好朋友校对论文的第一稿。

● 重新阅读书中与论文写作相关的部分。

在学生有足够的时间写下他们将如何实现短期目标之后，鼓励他们评估实现目标的可能性。然后，让学生把卡翻过来，写下能帮助他们实

现长期目标的具体行动。例如,如果一个学生的目标是成为一名电子技术员,那么他或她可以做:

- 到指导室或图书馆找关于成为电子技术员培训方面的信息。

- 给三所职业技术学校打电话,问清楚他们在电子学方面有什么课程计划。

- 采访一名电子技术员,了解清楚他或她是如何喜欢上这份工作的。

- 在电子学课上保持 A 或 B 的平均成绩。

- 花一天时间去参观有电子学课程计划的技术学校。

当学生完成建立目标卡后,鼓励他们把目标卡放在一个安全的地方,并经常温习以确保取得进展。教师偶尔召开班级讨论,关注学生在向目标前进中的进展情况,以及他们在实施目标行动中遇到的困难。学生也要仔细考虑评估他们实现短期目标可能性的准确性。这会引发现实目标和不现实目标差异的讨论,以及这两种目标如何与成就感联系在一起。

变化

在设定长期目标之前,教师可以让学生练习设定并实现每周和每月的目标。学生也可以讨论当他们实现目标的时候如何奖励自己。

"浮动的 A"优待券

目的

本策略培养学生在评估和等第成绩方面的自主能力和自我决定能力。通过挑选如何使用和何时使用"浮动的 A"优待券,使学生感受到自我决定和对评分系统的控制。

TARGET 结构

权力;评估

适用年级与学科

在用等第成绩评价学生表现的班级中本策略都非常有用。

步骤

设计一个像图 2.3 中所示的"浮动的 A"优待券。复印足够多的优待券,确保在每个评分阶段、每个学生、每门课程都有一张"浮动的 A"优待券。告诉学生,他们可以使用优待券换取任何作业(你可以把单元测试除外)成绩 A。学生可以在收到作业的 24 小时内使用优待券。到评分阶段结束时没有使用优待券的学生,可以简单地将浮动的 A 与先前所得到的所有等第取平均。当学生拿到优待券时指导学生在上面写下他们的姓名,这样教师就可以避免优待券的"黑市"交易。

变化

教师可以选择允许学生把"浮动的 A"优待券转到接下来的学期使用。

"浮动的 A" 优待券

本优待券可以
换成
一次家庭作业
的成绩为 A

学科:_____

姓名:_____

图 2.3 "浮动的 A"优待券

来源:由小学校长 Barbara Isaacson 改编。

质量检核表

目的

　　本策略用来帮助全体学生体验自主和胜任。通过学习鉴别高质量论文的特点,学生可以控制自己文章的评估和质量。

TARGET 结构

　　任务;权力;评估;时间

适用年级与学科

　　本策略对初中和高中英语课特别有用,但是经过简单改编也可以适用于各个年级和各个学科。

步骤

　　将学生分成小组,要求学生用头脑风暴的方法讨论,文章哪些品质能让人读了之后产生共鸣。使用他们的讨论结果清单,讨论哪些因素使一篇文章一般、良好或优秀,把评论记录在黑板上或幻灯片上。同时讨论他们在评估自己的文章的质量时遇到了什么困难。

　　然后,让学生审查他们写的最后一篇文章,决定哪些地方可以通过进一步努力而得到改进。给学生时间练习根据这种简单的维度评价自己的作品。比如,在学生写完下一篇文章时,能辨别出文章最好的部分和有待改进的部分。同时,用前面头脑风暴的结果和对一般、良好和优秀文章的讨论,列出如下例所示的检核表:

　　一篇有质量的作文有:

　　——洁净的书法

——有趣的句子

——让人兴奋的描述词汇

——复合句而不是短的、支离破碎的句子

——正确的拼写

——包括一个主要观点的段落

——正确的标点符号用法

复印这份检核表，要求学生在写下一篇作文时使用它，并在完成这篇作文时附上它。为了让学生练习使用这份检核表，让他们以小组的形式，用这份检核表评估前几年的作文（姓名省略掉）。小组之间可以比较他们的结果，讨论不同之处。最后，教师会发现，使用这份检核表来评价学生的作文，打分或划分等级，都非常有用。可以讨论教师和学生对等级划分的不同之处。

变化

检核表可以用于其他学科领域的作业，不仅仅是英语。比如，如果教师用字母或数字等第来给科学或历史的书面作业打分，给学生机会做类似的判断，能提高学生自我评价的技能。教师和学生评估都使用空白的质量检核表，使得这项活动很容易实行。

来源：改编自 Tom Baumgart，中学教师。

选择阅读分数

目的

本策略通过允许学生选择补充阅读材料,增强学生的自主能力和自我决定能力。

TARGET 结构

任务;权力;评价;时间

适用年级与学科

本策略可适用于小学高年级、初中和高中的所有学科领域。

步骤

在实施本策略之前,教师应收集班级将要学习的某个专题大量的文章。这些文章可以来自于本学科的书籍、教师的指导书、期刊、或者儿童文学。目标是收集尽可能多的资料,这些资料要反映阅读水平完整的范围。比如,关于热带雨林这个专题,可以找到成千上万的、可以满足从小学到大学各个阅读水平的文章。

在收集到大量的资料后,教师根据阅读水平、长度和复杂度把每篇文章或节选分成一到五共五个等级。然后将等级数字写在所选材料的上角。

根据该单元的长度,要求学生积累每个年级水平中预先设定的阅读材料的分数。比如,要得到 C,学生必须积累补充阅读材料至少五分;要得到 B,需要七分;要得到 A,需要十分。

在学生完成阅读后,要求他们完成一篇阅读报告,这篇报告要包括以下问题：

1. 用两到三句话，总结这篇文章的主要意思。

2. 列出你从这篇文章中学到的至少其他同学可能感兴趣的三个事实。

3. 在你阅读的文章中你认为最重要的事情是什么？为什么？

4. 讨论这篇文章中你同意或不同意的某个地方。

5. 根据这篇文章中的信息，你对将来有什么预言？

根据对这些问题的回答，教师可以给予学生具体的分数或要求学生进行修改或阅读额外的文章。

变化

可以要求学生通过寻找他们自己的文章来帮助教师进行阅读材料收集工作。在与教师的合作中，当学生已经阅读了这篇文章，可以给予分值。三孔活页夹可以用来储藏各种分值的文章。然后，这些活页夹中的阅读材料可以用作课堂讨论的材料。这些文章也可以用 U 形针固定，放到马尼拉文件夹中，保存在文件柜中。

来源：Harold Beedle，中学社会科教师。

核实评价项目

目的

本策略通过让学生选择一种或多种技能领域,他们愿意在具体作业中让教师评价这些技能,让学生体验自主感。通过让学生集中精力于他们想提高的技能上,本策略也可以支持学生的胜任力。

TARGET 结构

权力;评价

适用年级与学科

本策略可以适用于强调基本写作技能的各个年级。

步骤

在教师对各种不同技能给予指导之后,比如,使用完整的句子、适当的大写、合适的标点符号使用或创新,就可以根据"核查"程序评价书面工作。当学生交上书面作业时,他们可以使用检验章或类似的程序来确定他们希望教师来评价或"核查"的技能领域。图2.4提供了可以用于这个目的的检验章类型的几个例子。

在文章盖过检验章之后,学生检查他们希望教师评价的确定技能的方框。在阅读这些文章时,教师只要关注学生希望核查的技能就可以了。把文章返还给学生时允许文章中存在几个小错误。因为学生最终需要掌握全部写作技能,他们可以在提交的文章中选择几个领域要求评价。

变化

根据学生的年级不同,本策略有很多变化。通过确定具体的写作技

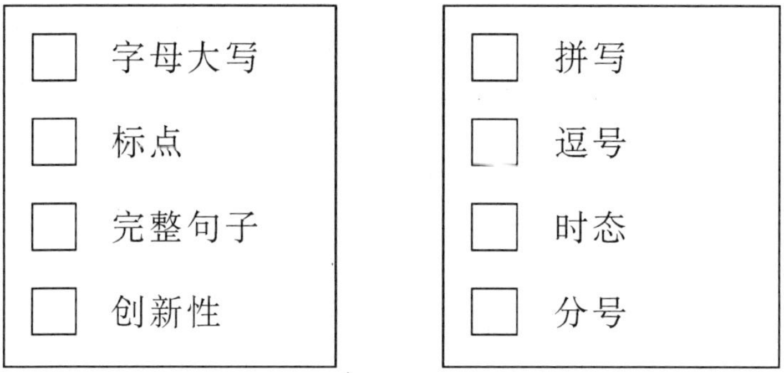

☐ 字母大写	☐ 拼写
☐ 标点	☐ 逗号
☐ 完整句子	☐ 时态
☐ 创新性	☐ 分号

图 2.4　检验章

能和制作合适的检验章,可以把它改编成教师个人的评分体系和目标。根据学生的技能,教师也可以描述两种、三种或四种技能进步。标点符号也可以进一步分为逗号、分号和引号等。

资源:Kimberly Kirk,一年级教师。

自我意识与职业选择

目的

个人偏好在生涯选择中起着重要作用。本策略支持职业选择情境下的学生自主能力和自我意识。

TARGET 结构

任务;权力;分组

适用年级与学科

本策略适合初中和高中学生。

步骤

为你的学生读下面的脚本:

> 设想你已经申请了当地公司的一份暑期工作。人事主管告诉你,他们的公司有六个部门,你必须决定在哪个部门工作。每个部门暑期工作的报酬是一样的,一旦你选择了一个部门,就不能再转到其他部门。你还被告知,你有可能在你选择的部门得到一个长期工作的机会。

这六个部门是:

生产部——在这个部门,你有明确的工作内容,直接涉及到产品制造,像负责原料、工具或机器。你将与其他人合作完成系统化的、有组织的工作。

工艺设计部——在这个部门,你将负责订单、保存记录、归档材料、与供应商和消费者联系。你可以使用计算机空白表格报送账单和结账,使用复印机和传真机进行联系,使用文字处理程序来处理其他的任务。

管理部——在这个部门,你将管理其他人。你要帮助员工负责地做事、高效地工作。你还将负责帮助公司股票持有人实现投资盈利。

研发部——在这个部门,你将调查和收集资料,提高产品的效果,分析新技术,观察顾客对新产品的兴趣。你还要做一个调查总结,分析数据,拓展销售市场。

广告部——在这个部门,你要发挥艺术创新能力,开展新的广告活动和产品包装。你有大量自由时间来构思,这些创意将在顾客试销市场做最终评估。

人事部——在这个部门,你将负责以个别或小组的形式培训员工新技能。还要帮助员工处理他们的个人问题,充分利用他们工作的利益。

要求学生把他们最喜欢去的部门写在一张纸上。再让学生空四格写下最不喜欢去的部门。然后,要求学生按照最喜欢到最不喜欢的顺序在四个空格里写下剩余的四个部门的名称。在每个学生对部门排序后,让他们在教室里分享他们的名单,看能不能找到与自己排序相同的学生。

使用这家公司的六个部门,让学生根据他们的偏好组成小组。小组形成后,让每个小组罗列出尽可能多的工作,这些工作要与他们选择的部门有类似的特点。这份清单全班同学可以分享。

如果时间允许,每个部门出一个人组成公司小组。这样他们就可以讨论为什么他们会做出这样的选择,以及如何把他们的个人需求和公司的目标结合在一起。

变化

复印工作描述或把它们写在黑板上或幻灯片上。学生可以到图书馆查阅他们所选部门的具体工作。他们也可以去访问做类似于他们感兴趣的类型的工作者。

目标纪录簿

目的

本策略通过帮助学生保持学业目标记录,管理实现目标的进程,可以培养学生自主能力和自我决定能力。

TARGET 结构

任务;权力;时间

适用年级与学科

本策略适合各个年级水平和各种学科领域。

步骤

鼓励所有学生购买一个单独的笔记本或在作业本上留出一块空间,记录他们针对每门学科设定的具体目标。初中和高中教师鼓励学生设定单元目标或月目标,或根据评分阶段设定目标。就像下面的例子,学生可以按照下列方法组织目标框架;用罗马字母代表学科或单元,大写字母代表个别目标,数字代表具体细节或达到目标的步骤。

目标框架例子

月份:10 月

I　历史

　　A. 学习清教徒来到美洲的原因

　　　　1. 复习课本第 128 页的三个原因。

　　B. 按时完成阅读作业

　　C. 在看影片时集中精力并做好笔记

Ⅱ 数学

    A. 在分数测验中至少要 90％正确

        1. 记住加减分数的规则。

        2. 做完全部的练习题。

Ⅲ 语言艺术

    A. 每周阅读图书馆的一本书

        1. 每天至少花 30 分钟,包括周末,阅读图书馆的书籍。

    B. 完成所有的写作作业并按时交上

有些教师发现每个周一让学生花 15 到 20 分钟来更新他们的目标本是非常有用的。学生可以核对已经实现的目标,也可以提前形成单元或月目标。

变化

在可以使用电脑时,教师鼓励学生把目标记录在软盘上或硬盘的带有密码的文件夹中。更新和管理目标的过程也可以成为个人奖励和技术奖励。

教师可以定期召开短期目标会议,与学生讨论他们的目标,回顾每个学生实现目标的过程。学生也可以在小组内部分享他们的目标,共同努力实现目标。

来源:Tammi,特教教师。

由学生出题

目的

　　本策略通过允许学生帮助撰写评价内容掌握情况的问题,增强学生的自主能力和自我决定能力。另外,本策略可以对以前的内容和技能进行复习,重点练习阅读作业中的最重要的内容,以此来增强学生的胜任感。

TARGET 结构

　　任务;权力;分组;评价

适用年级与学科

　　本策略可以适用于应用形成性测验或终结性测验的各个年级和学科领域。

步骤

　　教师可以在个体或小组中使用本策略。在开展活动之前,教师最好讨论一下在测验中常用来提问的两大问题类型间的两点主要区别。

　　A. 记忆问题——这些问题测量的是学生回忆重要事实性信息的能力。

　　例如:

　　● 谁是美国的第一任总统?

　　● 圆的面积公式是什么?

　　B. 解释性问题——这类问题要求学生解释信息的意义或用信息解决问题。

例如：

● 解释一位美国总统候选人本该赢得大部分选票，却还是竞选失败。

● 六英寸直径的圆的面积是多少？

如果用一定量的阅读材料测试学生，应先把学生分组，然后把阅读材料分发到各组中。根据阅读材料的页数和学生的年级，教师向学生解释：每组负责从阅读作业材料中提出一些记忆问题和解释性问题。要求每组保证至少提出一个问题。

当这项任务完成后，把这些问题编排成一个关于作业材料的测验。教师向全班学生说明，教师保留增加或编辑问题的权力，以适合本单元的内容目标。

如果可能，教师鼓励学生写些与他们的生活相关的解释性问题。比如，在百分比这个单元，一个小组可以编写一道应用题，让学生计算在近期橄榄球比赛中某一个队员获得的码数所占的百分比。

变化

本策略可用于复习或作为章节或单元测试的一部分。问题也可以作为个人家庭作业而不是小组项目作业。

来源：Sally Yakel，数学和学习技能教师。

修饰句子

目的

本策略通过帮助学生意识到在表达一个想法时有多种词汇组合方式,来建立其自主能力和自我决定能力。

TARGET 结构

任务;权力;认可;分组;评价;时间

适用年级与学科

本策略适合小学高年级、初中和高中语言艺术课和英语课。

步骤

教师以下列方式开始这节课:首先向全班学生说明,有多种不同的方式表述同一件事情,然后,教师可以把下面的句子写在黑板上或幻灯片上来证明这一点:

我的父亲是一名飞行员,因此他经常不在家。

我父亲经常不在家,因为他是飞行员。

我的父亲,一名飞行员,总是离家在外。

我的爸爸经常不在家,因为他是飞行员。

我的父亲是一名商业飞行员,因此,他经常离家在外。

我的爸爸总是在外面,他是飞行员。

我爸爸驾驶飞机,因此他不怎么在家。

因为我父亲是一个飞行员,他花在家里的时间不多。

教师要求学生找一个伙伴,看他们针对自己写的句子或教师给的句子可以给出多少变体。在学生分享了几个例子之后,教师要强调在一个句子中如何改写或重新安排字词可以使句子在交流时意思更清晰。然后,要求学生确认在一组例子中哪一个句子听起来最好,意思最清晰。学生在认为一组句子中哪个句子最好时常有几种不同的观点,因此教师可以强调,作者可以自己决定文章的组织方式。教师也要使学生意识到,这种决定通常是以与作者交流的听众为基础的。

变化

教师可以编写几组例子,让学生选出他们认为听起来晦涩的句子和意思最清晰的句子。学生可以帮助教师改写那些句子,以便交流更为有效。根据年级水平,教师可以组织讨论写作风格、字词顺序、内容或语气以拓展这一经历。

来源:Bill Andersen,初中语言艺术教师。

自陈报告卡

目的

本策略通过向学生提供一个评价自己表现的机会来建立学生的自主能力。

TARGET 结构

任务;权力;评价

适用年级与学科

本策略可以适用小学较高年级、初中和高中。

步骤

本策略要求教师设计自陈报告卡,学生用它来评价自己的进展,在相应学科领域,由教师在学校报告卡上进行评价。图 2.5 提供了一个可以在小学课堂使用的自陈报告卡。可以在初中和高中班级中使用有类似问题的卡。

在学生填写完成自陈报告卡之后,教师应把这些卡收集起来,并比较教师的评价和学生自己的评价。确认这两个评价之间的差异,并与学生一起讨论这些差异。

学生的自我评价经常令人惊奇地准确,他们可以为教师提供有价值的领悟,深刻了解学生认为自己应得的分数的理由。如果学生参与到目标设定当中,也可以要求学生写一个简短说明,阐述在实现目标过程中他们取得成功的程度。在召开教师-家长会议时,自陈报告卡与家长分享就特别有用。(如果教师决定用于这个目的,让学生知道这个决定非常

阅读

1. 这个学季你大约完成了多少页的课外阅读?_____
2. 你用什么方法加强在阅读方面的努力?_____
3. 你在作业本上记录每天的作业和阅读课文吗?_____
4. 你如何提高阅读质量?_____
5. 你认为阅读得几分?_____
技能_____努力_____

数学

1. 你是否努力按时完成所有的作业?_____
2. 这个学季你是否有不确定的数学技能?_____
如果有,是哪些?_____
3. 在数学方面你用哪些方法改进你的努力?_____
4. 你认为数学得几分?_____
技能_____努力_____

拼写

1. 你是否每周都学习单词表?_____
2. 你是否记住了每周学习拼写的单词?_____
3. 你是如何改进你的拼写技能的?_____
4. 在创新写作和日常作业中你的拼写有多好?(选择其一画圈)
优秀 良好 一般 不好
5. 这个学季你的拼写得几分?_____
技能_____努力_____

草书写作

1. 在草书写作中这个学季你认为你能得几分?_____
技能_____努力_____
2. 你需要在哪方面努力?_____

科学、社会研究、艺术、音乐

1. 在这几门课程中这个学季你认为你能得几分?
科学:技能_____努力_____
理由:_____
社会研究:技能_____努力_____
理由:_____
艺术:技能_____努力_____
理由:_____
音乐:技能_____努力_____
理由:_____
2. 你在学校做哪些领域的事情?_____
3. 你需要在哪方面努力?_____
4. 这个学季你在哪些方面得到提高?_____

经允许改编自:Jones, V., & Jones, L. (1990). 理解性课堂管理(第3版)(Comprehensive classroom management(3rd ed.)). Boston:Allyn and Bacon, Inc.

图 2.5 自陈报告卡

重要。)学生喜欢填写他们的分数,也高兴他们的意见被考虑。

变化

当教师对学生的学习习惯或学生对学校的态度了解不多时,教师可决定只在年初使用自陈报告卡。如果在完成表格时给予帮助,或将表格修改成适合他们的水平,年龄小的学生也可以参与这个过程。

来源:Jeanne Koblewski,六年级小学教师;Jones & Jones(1990)。

策略 2.13

社会科竞赛椅

目的

本策略能够让所有学生体验到自主能力和自我决定能力。

TARGET 结构

任务;权力;认可;分组;评价

适用年级与学科

本策略适合把精通社会科作为主要目标的所有年级。

步骤

给每个学生一份阅读作业,可以选择课文、当地报纸或每周读物。在他们完成了阅读作业后,教师把学生分成几个合作小组,让每个小组根据阅读材料想出七到十个问题。(建立人数相等的小组在这个活动的第二阶段是非常重要的。)在小组开始任务之前,教师解释说明,有些问题只测验事实性的材料,有些问题要测试对主要观点或关系的理解,其他问题测试的是使用参考资料或统计数字解决问题技能。然后,教师要求每组每个类别写三个问题,并提供答案。根据小组成员的年龄,提供案例,确保所有的学生都能理解三种类别之间的不同很有用。当学生做完后,教师把问题收集起来,以小组为单位分别保存。

然后,教师把这些小组合并后分成两组(这部分活动可以马上做好或其他时间做)。在教室前面放两把凳子(每组一只),并标明为"竞赛椅"。教师每组里找一名志愿者做计分员。

在每一轮,教师让每组出一名组员,坐在竞赛椅上,选择事实性问题得一分,理解性问题得两分,或问题解决性问题得三分。然后教师从对方小组的问题中选出一个问题。如果可能的话,教师可以尝试将问题的难度水平和学生的能力水平匹配起来。当小组中每位成员都坐过竞赛椅后这一轮结束。根据问题的数量,通常可以完成两到三轮。

当学生查看本组的得分,决定选择哪种类型的问题时,他们的自主能力就增强了。

威斯康辛州斯托顿的 Kegonsa 小学三年级的 Mrs. Prahl 的班级的学生,参与社会科竞赛椅讨论

变化

学生可能在设计理解性问题和问题解决性问题时有困难。教师可以帮助增加一些这类问题到小组的问题表上。这个活动也适合其他领域的课程。

来源:Patricia Prahl,三年级教师。

先行组织者

目的

本策略通过给学生提供选择学习主题焦点的机会,支持学生的自主能力和自我决定能力。

TARGET 结构

任务;权力

适用年级与学科

本策略适合各个年级和各种学科领域。

步骤

在新的学习主题或课程开始前的几个星期,教师就把这门学科介绍给学生,告诉他们几周后他们将学习这个主题。比如,在社会科课程中要学习日本,让学生提前两到三周就知道这件事情。当你介绍将要学习的单元时,鼓励学生做一个他们的问题表,和他们想学习的有关日本的具体信息。在提及主题后的几天里,讨论学生提出的问题和学生的兴趣,以及学生想学习的关于日本的内容。

采用学生提出的问题,围绕学生的兴趣组织该主题的学习。例如,学生可能对日本的学校、事物和娱乐感兴趣。你的目标是要在课程中包含他们的这些兴趣。在开始学习该单元之前的两到三周讨论学生的问题和兴趣,将会使你有充足的时间围绕学生的问题收集各种各样的资料。

变化

一个单元开始时,先行组织者的结果可以用于布置合作学习活动的主题,也可以鼓励学生在独立研究中根据自己的兴趣进行研究,然后把研究结果展示给全班学生。寻找与学生兴趣有关的材料时,图书管理员和媒体专家是非常有价值的。特邀演讲者也可以是回答学生问题的一个资源。

　　来源:Mary Stodola,小学教师。

策略 2.15

和平使者

目的

本策略使学生体验对于操场上出现的冲突的控制感和自主感。

TARGET 结构

任务;权力;认可

适用年级与学科

本策略适用于中等年级。

步骤

根据学校的规模,从每个中等班级中选出三到四名学生成为"和平使者"的成员。"和平使者"是一组学生,他们经过训练后帮助解决课间休息时发生的一般问题。有几种选取学生的方法:学生可以选择代表,教师可以指定代表,也可以从志愿者中随机选择学生。要避免把成为"和平使者"成员作为所要行为的贿赂或奖励,这会削弱学生的自主性(能力),这一点很重要。(见 Deci & Ryan, 1985; Kohn, 1993; or Raffini,1993)。

本策略要求,要有一位教师,或者一名咨询师,或者学校管理层的一名成员作为和平使者的顾问,安排或培训该小组的冲突解决技能,并愿意每周或每月召开会议,讨论他们在履行职责时遇到的困难。

以下书籍对组织和培训小组问题解决能力非常有用:

Berman, S., & Lafarge, P. (1993). *Promising practices in teaching social responsibility*. Albany: State University of New York

Press.

    Schmidt, F. (1993). *Peacemaking skills for little kids* (2nd ed.). Peace Works Series. Miami Beach: Peace Education Foundation.

    Schrumpf, F., Crawford, D., & Usadel, C. (1991). *Peer mediation: Conflict resolution in schools*. Champaign, IL: Research Press.

咨询师这样做比较有用:制作一些 3×5 的卡,把操场上发生的问题例子写在卡上。选择卡上的问题让和平使者成员进行角色扮演。强调具备公平、持久和良好的倾听技能,和平使者才能获得有益的、积极的声誉。

经过培训之后,和平使者的每位成员每周安排一次操场任务。根据学校规模,两到四个和平使者成员在课间休息或午饭休息时间值班。对遭遇到的每个问题,和平使者成员要记录下来,谁参与其中,问题是如何解决的。这些卡要交给和平使者顾问,或操场管理员。保存好这些卡片,对将来培训和角色扮演非常有用。在这过程中有两点要注意:1. 和平使者成员视他们的角色为帮助找到双方都同意的解决方法,而不是决定者或惩罚执行者;2. 在和平使者处理冲突事件时总是能找到操场管理员。

变化

PTO 制作或购买的和平使者的夹克衫有助于加强成员的团结和身份。一些学校想给每位学生一个机会,让学生轮流成为和平使者成员。在这种情况下,可以用上课时间培训学生解决冲突技能和角色扮演问题情境。

来源:改编于 Lori Pfeiffer,小学教师。

策略 2.16

健康的觉知

目的

本策略增强学生的自主性，并使所有学生体验成功和胜任。

TARGET 结构

任务；权力；评价

适用年级与学科

本策略适合初中和高中的健康课程。

步骤

教师在与学生讨论健康问题以及它与营养、体型、压力管理、健康、安全和自我形象之间的密切关系后，邀请学生建立他们自己的健康计划。（用有关健康的幻灯片和录像向学生介绍研究这个领域的重要性是非常有用的，强调人们对生活风格的选择如何直接与他们的健康相关。）发给每位学生两份图 2.6 中的表格，或者你自己的版本。告诉他们两份表格都要完成，一份今天完成，第二份要与六个星期计划完成后所写的个人日志一起上交。

向学生解释说明，他们有机会建立自己的六星期长期健康目标，处理与健康的五个因素有关的问题：营养、体型、压力管理、健康和安全、自我形象。另外要求学生建立两个短期目标，这两个短期目标在两个星期内就可以实现。长期的健康目标包括像减肥、健康饮食、减压锻炼、改变体型、转变观念或者改变不健康或不安全的习惯。允许学生在完成表格之前有两到三天的思考目标的时间。

姓名_____开始日期_____

预计日期_____结束日期_____

请填写两份材料，一份保留在日志中，另一份两天内交给教师。

在你的项目中的主要目标上画圈。

营养　体型　压力管理　健康与安全　自我形象

长期目标：_____

短期目标（两星期）：

1. _____日期：_____

2. _____日期：_____

3. _____日期：_____

奖励（完成一个短期目标后应收到）

目标一的奖励_____

目标二的奖励_____

目标三的奖励_____

项目支持：

由谁来帮你坚持该项目？　_____

他们将为你或和你一起做些什么？　_____

指导语：

　　请根据你自己的需要设计你的健康项目。在你认为能获得成功的方面设定长期目标。设定一个可以在六个星期内实现的长期目标。短期目标都应在两个星期内实现。请设定具体可测量的目标（比如，不用"减掉6到8磅"，用"7磅"。）

　　请每天记录你的项目结果，在六个星期的项目中每天都做一条记录。记录与你的目标相关的任何信息。写下一天中你做了什么和没做什么。如果你有一天在实现目标方面什么也没有做，这也要记录下来。

　　在你的项目中的每个星期天，用一页单独的纸写一篇每周总结。它要包括关于你的短期目标和长期目标的进展信息，你是否喜欢这个项目，你收到的来自他人的帮助，其他任何你想分享的信息。请你在项目的第二、第四和最后一个星期天上交你的总结。

评价：

　　在你的六周项目结束时，提交一篇对整个项目的总结。按如下条目讨论：在六个星期中你的进展情况，在向长期目标前进时你成功或不成功的原因，他人对你的项目的反应，在你的项目中你的身心感受。请提供一个诚实的项目评价和你为项目付出的努力。

图2.6　健康项目

　　一旦学生锁定了长期目标，要求学生确定两个与长期目标相关的短期目标。比如，如果一个学生的长期目标是改变体型，短期目标可以包括每天散步一英里，或跑步一英里，或者每周三天练习骑自行车半个小时。

与学生讨论得到密友、同学、兄弟姐妹或父母支持的重要性和价值。这些人可以帮助他们讨论和监督向目标前进的进展情况，并在他们需要帮助的时候给予帮助。当他们达成短期目标后，个体也需要确定他们给自己的奖励或激励。指导学生做好记录他们在实现目标过程中的感受或想法的日记。要求学生在星期天做一个总结，讨论本周帮助或阻碍向目标进展的体验。他们可以讨论成功和失败，来自他人的帮助，目标的适当性或困难。星期天总结或日记要定期收集，并给学生提供反馈和鼓励。

要求学生提交一个最终标准，包括六个星期结束时对计划的个人评价。鼓励他们诚实对待他们的结果，当他们成功或没有成功时，他们对自己的计划有什么想法和感觉，他们将来的健康计划目标可能包括些什么内容。

告诉学生这个练习的成绩是基于诚实和日记的详细度、星期天总结和最终标准。成绩不包括个人在达到目标时的成功或失败。

变化

为满足不同班级日程，可以改变时间和短期目标的数量。

来源：Barbar Deichl，高中体育和健康教师。

策略 2.17

情绪表情图

目的

本策略通过鼓励学生确定和标明自己的心情,帮助学生获取自我觉知和自主性。本策略还为学生提供一个选择描绘自己心情的机会。

TARGET 结构

权力;认可

适用年级与学科

本策略在小学中非常有用。

步骤

"不要哭,你没事"或"不要害怕。"用这样的话否定儿童的心情太常见了。而通过情绪表情图这个活动,儿童知道心情是有效而合理的,心情会发生变化。

用海报板,制作四个圆脸,描述在儿童身上最常见的心情(见图2.7)。这些圆脸分别用快乐、悲伤、生气和受挫标明。制成圆脸,用包装绳系在一起,挂在教室的一个角落里。

快乐 悲伤 生气 受挫

图 2.7 情绪表情图

把每个孩子的名字写在一个衣夹上，让孩子们用毡毛马克笔或蜡笔装饰他们的衣夹。

介绍这些圆脸，讨论每一张圆脸描绘的心情。让学生分享最近他们感到生气、受挫、快乐或悲伤的例子。然后让每一个孩子把衣夹夹在最能描绘他们当时感觉的圆脸上。学生可能会解释为什么他们选择一张特别的圆脸，但是要强调他们并不是必须要解释这样做的原因。

教师也制作一个衣夹并夹在一个圆脸上，这样会更加合理。然后，教师讨论他们的心情，这些心情如何相互影响。告诉学生，每天到校之后，他们要到这一串圆脸前面，把衣夹移到最能描绘他们那天早晨心情的圆脸上。鼓励学生讨论当他们生气、受挫、或悲伤时想要其他人如何对待他们。很多学生可能会说，当他们生气或受挫时，他们希望让自己单独待一会儿或给他们一些"空间"；当感到悲伤时，他们希望其他人更关心自己；高兴时，他们想与别人分享他们的快乐。

有时，孩子们可能展现出一种与他们选择的圆脸不同的心情。例如，当他或她选择生气圆脸时，这个孩子可能在开怀地笑。这可能是他/她选择的是那天早些时候的心情。强调心情是个人的，不需要解释。

让学生讨论心情如何影响行为，这是非常有用的。比如，他们生气时会毫无理由地对人大喊大叫。让全班同学讨论，如果他们知道一个人的心情，这会改变他们对他或她的方式吗？在班级中讨论一下学生如何使用心情圆脸更好地理解别人，他们会选择如何回应这些人。

变化

本策略有助于小学生处理一天中的心情变化。如果一个小学生不同意其他同学的观点或受到伤害，教师可以说："你好像很难过。你要把衣夹换个位置吗？"把衣夹从一个圆脸换到另外一个上，这有助于缓解现场气氛。

除了衣夹和圆脸以外，彩色纸条也可以用来代表学生不同的心情。比如，红色纸条可以指生气，蓝色纸条是悲伤，黄色纸条是指高兴等等。制作一个带有小口袋的心情板，放在教室的前部。每天早晨，学生选择一张带有颜色的纸条，代表他们的心情，然后放在各自的小口袋中。

来源：根据 Carol Flora 等的建议改编。Carol Flora，早教教师；Cindy Bubolz，小学教师。

选择训练方式

目的

本策略通过为学生运动员提供自我决定的机会,让他们自己选择每天或每周的练习计划,来培养他们的自主能力。

TARGET 结构

任务;权力;分组

适用年级与学科

本策略适合各个年级。

步骤

本策略为教练提供机会,让队员有机会决定训练内容和训练计划。在每个赛季第一次队务会议上,教练应告诉队员,他们有责任帮助决定训练内容,学习成为出色队员和获胜队的必备技能。要让队员认识到,他们为获取成功所需要的技能而付出是有价值的,是大家所欣赏和期望的。

在队伍训练了几周后,队员已经具备了扎实的技能基础和身体条件,要求队长帮助确定下周的训练计划。这时应鼓励队长去了解各个位置上的队员的想法,根据这些想法帮助教练决定下周的训练计划。

鼓励全体队员向队长或教练主动提供关于训练计划的建议。在球队和个人技能需要哪些额外的训练这个问题上,每个队员都可以畅所欲言。队员们可以练习那些在激烈竞赛中不断使用的,需要反复练习才能达到自动化水平的技能。队员也能形成强烈的所属感,通过练习使个人能力达到最高水平。

让所有队员相信,他们的想法对教练提高训练效率是有重要价值的。当学生认为他们对训练计划有所控制时,他们就不会逃避训练或当教练不关注他们时偷懒。

变化

有些教练更喜欢在决定练习计划时让队长发挥更多的作用。在赛季前如果期望队员练习身体条件和一些其他技能,这一点就特别重要。如果队长被视为队员向教练传递观点的人物,队员就更愿意在停赛期间跟随队长。

来源:Torrence Acheson,垒球教练。

用脚投票

目的

本策略通过使学生不用讲话就能积极发表对一个问题的看法来构建自主能力。这是在学校早期有用的破冰活动。本策略也可以用来增强外语课中的听力和理解能力。

TARGET 结构

任务；分组；评价

适用年级与学科

本策略适合各个年级和学科领域；在外语课中特别有用。

步骤

在开始活动之前，先用正楷字写"是"、"否"和"不评论"三个牌子。把这些牌子加厚能够提高它们的耐用性。在学生来到之前把每个牌子放在教室不同的墙上。

告诉学生，你将问他们一个问题，问题来自于他们的阅读材料或正在学习的材料。在听到这个问题之后，他们要离开坐位，站到最能表达他们答案的牌子下面。

一旦全部学生站在显示他们观点的牌子下面时，让他们讨论影响他们做出选择的理由。几分钟后，每组中选取两到三名学生分享他们的理由。当每组都有机会陈述他们的理由后，让学生回到坐位上。你可以继续讨论观点问题或开始另一节课或另一主题。

根据学生的水平，鼓励在外语课上用所学的语言进行讨论。

变化

在外语课上进行讨论时学生可能倾向于马上选择"不评论"牌子。教师可以鼓励学生仔细倾听以便他们能做出决定。如果本策略在一节课中有几个观点问题，可以限制学生一刻钟使用一到两次"不评论"。

来源：Jamie Gurholt，西班牙语教师。

教师顾问计划

目的

本策略通过教师顾问计划支持学生的自主能力和自我决定能力。该计划鼓励学生进行学业自我评价和管理，并选取学业和行为社会目标。

TARGET 结构

任务；权力

适用年级与学科

本策略适合小学的高年级、初中和高中。

步骤

当学生在一个学季中段收到他们的进展报告后，教师顾问计划可以帮助学生认真地思考他们做得怎么样。这个活动帮助学生意识到他们自己控制成功和失败，学季结果依靠的是他们的行动。通过自我评价和个人目标设定，学生可以选择维持或改进学业和社会行为结果。让学生参与到自我评价中来，可以使他们更好地理解学业专业表现和个人责任感。当学生评价和记录他们的目标时，他们很可能会形成内在控制并相信一份耕耘一份收获。同样，自我评价使学生确定他们需要改进的学业和社会行为领域。

教师顾问计划的一种方法是鼓励班主任成为班上学生的顾问。在这个过程中，班主任教师顾问可以帮助学生建立和管理学业和行为目标。

从期中进展报告后的第一天开始,班主任给学生正在学习的每门课程一个类似图2.8的自我评价和目标计划表。讨论这份表格,鼓励学生使用表格,帮助他们考虑并选择他们希望在本学季结束前能够实现的一个学业目标和一个行为或社会目标。

姓名_____顾问_____
科目_____学季_____
1. 自我评价
   a. 我在这门课中做得怎么样?_____
      _____
   b. 我现在有哪些困难?_____
      _____
   c. 我在这门课中花了多少时间和精力?_____
      _____
   d. 这门课我需要更多的帮助吗?_____如果是,我如何得到它?_____

2. 学业目标
   a. 这个学季结束前我要取得的目标是_____
      _____
   b. 我想实现这个目标是因为_____
      _____
   c. 我实现这个目标的方式是_____
      _____

3. 行为或社会目标
   a. 这个学季结束前我要取得的目标是_____
      _____
   b. 我想实现这个目标是因为_____
      _____
   c. 我实现这个目标的方式是_____
      _____

图 2.8 自我评价和目标计划表

在接下来的三到四天中,班主任顾问与每位学生讨论他们的自我评价和目标计划表,帮助他们明确或重新设计目标和时间结点。教师顾问避免强迫或代替学生选择目标,而是要成为一个好的倾听者,鼓励学生为自己的选择负起责任,这点很重要。

经验表明,学生有能力设定目标,但是在选择具体可实现的目标时,他们需要指导。例如,很多学生提到某一门课程要提高,"要学得更好"。顾问可以问一些这样的问题,例如做好笔记、复习笔记、反复阅读课文、课前或课后寻求某门课程教师的帮助等等。这些具体问题能帮助学生缩小他们的关注范围，建立具体可实现的目标。

顾问也可以帮助学生评估实现目标的可能性。一个在某门课程中困难重重，成绩为 F 的学生，期望这个学季结束时得到 A 是不现实的。教师顾问的工作就是鼓励努力、改进、可实现的结果——促进积极态度和成功的要素。当学生从失败中站起来时，教师顾问征询学生愿意在这个目标上花多少时间，期望的结果是否现实。如果学生坚持设定不现实的目标，他们可能会有无望感，或不愿意接受一个不太成功的表现。（见 Raffini，1993，第二章，避免失败行为的讨论和某些学生设定不切实际目标以保护自我价值的倾向。）

变化

顾问可以在学季开始时使用这项活动，根据具体年级改编自我评价和目标计划表。紧随其后的会议也对帮助学生评价他们的计划非常有用。

来源：改编自 Lora Westra，中学教师，Oak Creek-Franklin，威斯康辛学区（WI school District）。

第三章

增强所有学生胜任力的策略

为了增强所有学生的内在动机,有必要营造一种环境,在这种环境中,学生付出的努力使他们获取学习胜任力成为可能。虽然获得学业成绩所需要的时间和所要求的努力有很大差异,但是他们都需要来自成功的胜任感。

关于增强所有学生胜任力的建议

1. **根据明确的教学目标评价学习结果**。如果全体学生都要体验到学业成功,他们需要清楚地知道需要掌握哪些知识和技能。

2. **无论在哪里,只要有可能,结果都应该是常量,而时间则应是变量**。很多课堂给学生提供相同的时间来达成学习目标。因为有些学生比其他人学得快,为了让学习较慢的学生掌握与学习较快的学生相同水平的内容,应允许他们花费他们所需要的时间,这才符合常理。

3. **使用个人目标设定策略,让学生自己界定成功标准**。给学生决定任务和内容目标的机会,让他们自己界定成功的标准。这样可以让他们根据现有的技能提高或降低目标。

4. **在最初的教学之后,使用形成性测验确定每个学生没有掌握的具体目标**。学生掌握教学目标所需时间有很大差异。学习较慢的学生可能需要更多的时间和额外的指导。使用诊断性测验确定在新的教学任务开始之前每项教学任务都被彻底掌握。

5. **使用标准参照而不是常模参照评价程序确定学生的成绩。**优秀的具体标准可以由教师界定而且应该由教师界定,然后根据这些标准而不是根据其他人的表现评价学生。

6. **允许学生参加包含明确目标的平行复本的补考,而不是给予他们惩罚。**虽然很难实施,但是这个建议确保学生更多努力的学习能取得更高水平的成功。

7. **设计学习和评价活动以便学习结果与付出的努力密切相联。**为确保努力-结果相互依存,教师必须规划学习任务结构,以便目标的实现能强化学生富有意义的合理努力。

8. **使学习任务和学习进度与学生的技能水平保持一致。**对教学目标要做任务分析,以确保每个学生的学习任务与他/她的技能水平相适应。

9. **为学习较快的学生提供挑战机会,以丰富和拓宽他们所掌握的内容。**内在动机要求所有学生体验到自我决定的挑战。

10. **设计不限制学习较快学生得高分的评价程序。**高标准是令人向往的和必要的,然而,不应人为地限制学习较快学生获得高分。

已知—想学—已学列表

目的

本策略使用三种没有威胁的头脑风暴活动,鼓励学生积极参与到新的学习主题中。这个活动能适用任何学科领域,能形成小组联系感,同时让学生体验到胜任力。

TATGET 结构

任务;分组;评价

适用年级与学科

本策略适合各个年级和学科领域。

步骤

教师在介绍一个新的教学主题时,鼓励学生写一份有关该主题的已知信息。教师或指定的学生把这些已知信息写在黑板上或幻灯片上。因为这是头脑风暴活动,小组应尽可能确定已知信息而不必花太多时间去讨论每个观点。在完成列表后(给予大约十分钟的时间),小组可以讨论每个条目的有效性,暂时排除缺少共识的条目。

第二个头脑风暴活动是鼓励全班列举他们想学习的内容。同样,教师或指定的学生应该在黑板上或幻灯片上记下这些想法。对已知信息列表的质疑也可以放到想学列表中。

把两份列表张贴在教室内以便教师和学生在学习本单元时能参考它们。使用想学列表能有效监督班级在完成本单元目标时的进展情况。

在学完本单元后,再次做头脑风暴活动,做出第三份学生学习本单元有关主题的信息列表。这份已学列表应只包含那些在已知列表和想学列表中没有的内容。这份已学列表对单元复习活动特别有用。

蒙诺那格罗夫,梅伍德小学 Trapp 小姐的二年级学生,参加已知—想学—已学列表活动

变化

在合作学习小组形式中使用该策略,效果会更好。人数比较少的小组可以做出自己的有关主题的已知信息表或想学信息表,或某些小组做一张表而其他的小组做另一张表。让小组记录员汇报每组的成果,形成全班的想学信息表和已学信息表。

这些表也可以以小的组和大的组联合完成。比如,已知信息表可以由全班讨论形成,想学信息表和已学信息表可以由小的小组活动完成。

鼓励学生保留自己的想学列表和已知列表,在学习一个单元时把所学知识添加到这些列表当中。对年龄较小的学生,可以把这些列表放在公告栏中展示,或作为个人文件夹中的一部分。

来源:由 Barbara Trapp 改编,小学教师。

未写出的对话

目的

本活动可以增强学生批判分析文学作品和口头表达的胜任感,也能激励学生享受阅读和写作。

TARGET 结构

任务;权力;分组;评价

适用年级与学科

本策略特别适合中学生,但是在四到十二年级中都可有效使用。

步骤

在阅读一本小说或一本书的指定章节后,让学生思考故事事件的顺序,并思考不同人物间的对话,思考这些对话向读者揭示的重要信息。然后,让学生思考那些没有对话的重要故事事件。作为读者,他们能想象出故事中这些情节的对话吗?在对没有对话的场景进行头脑风暴后,让学生选择一处场景,写出没有写出但可能已经发生的对话。鼓励学生写出适合故事事实的对话。当他们完成后,教师把学生分成几个小组,每个小组成员把他/她们写的对话读给其他人听。然后作者作演员,排演对话,向全班演出。

根据时间安排,可以展示一个或两个对话演出,甚至全部。学生应演出自己的对话,还要在其他学生写的对话中担任角色。小组应决定演出哪一个对话,每个角色由谁来演出。鼓励小组平等分享角色很重要。

变化

    鼓励学生根据角色适当着装,制作或带些小道具以增强演出效果。教师可以收集对话以对个人进行评价,但是全班可以举行模拟奥斯卡金像奖颁奖,使用无记名投票,决定提名"最佳剧本"奖、"最佳男主角或女主角"奖、"最佳配角"奖等奖项。

    作为这项活动的准备,教师让学生简单找出书中他们想学并想演出的一段对话,另一变化是让学生独立写出一个他/她认为故事中有冲突的独白。学生也可以写一个独白,在独白中,故事中的人物走出故事解释他/她处理问题或冲突的特殊方式。

    本策略修改后可用于科学课或社会课。学生可以写名人在人生关键时刻的对话,或当他们做出著名发现时所想到的事情。

来源:Katy Grogan,中学英语教师。

推估先生

目的

本策略可以增强所有学生的成功感和胜任感。

TARGET 结构

任务；认可

适用年级与学科

本策略适用于把数学估算和推理作为重要目标的所有年级。

步骤

用你选择的物体装满一个透明的塑料瓶子（比如，花生、蘑菇、干空心面、干麦片）。整个星期，让学生每天给出一个估计值，估计瓶子里有多少物体。这周结束时，公布真实的数量，并比较实际值与估计值。让估计值最接近实际值的学生做下个周的推估先生。可以给他/她一个特别证书，并负责填满瓶子，宣布并记录下周的估计值。教师可以寄一封家信，类似于下面这个，解释推估先生的职责。

亲爱的＿＿＿＿＿＿＿：

我很高兴地告诉您，＿＿＿＿＿＿＿已经被选为下周的推估先生。我们班级的学生都有机会每天估计我们的推估瓶中有多少物体，您的孩子的估计数最接近实际数。

我们的周推估先生的职责是寻找下周填充瓶子的物体。我希望周末您可以帮您的孩子找到一种物体填充瓶子，以便周一他可以交还瓶子。各种大小相同的东西都可以用。过去我们用过花生、蘑菇、干空心面、干麦片、干豆、泡沫塑料块、弹珠和大小相同的玩具积木。

数学估算和推理是我们的重要教学目标，我们非常感激您给予您的孩子的帮助，以及对我们的估算活动的大力支持。感谢您的一贯帮助。

诚挚的 _____

鼓励学生画出他们的估算值和瓶子中物体的实际值之间差异的曲线图。刚开始的几周教师不要讨论这个图。三、四周后，学生可以讨论他们是如何完成这个任务的，应鼓励学生说明他们用于做出估算的推理过程。然后，教师讨论物体的不同尺寸和形状，以及学生如何使用过去的估算数值提高估算的准确性。

变化

对于年龄较小的学生，每周使用多个瓶子以便确定更多的推估先生。改变瓶子的形状或用同样多的物体填充两个不同形状的瓶子，然后比较结果，这样可增加活动的挑战性。年龄大些的学生可以把估算值和实际值之间的差异变换成百分比，画出准确度的百分比。

来源：由四年级教师 Pam Sternad 改编。

策略 3.4

图解笔记

目的

本活动的目的在于开发学生记笔记的技能,同时增强学生的自主能力和创造性。

TARGET 结构

任务;权力;评价

适用年级与学科

本策略非常适合中学生。在这些年级,学生并不擅长记笔记,然而却正遇到阅读和课程材料的挑战。

步骤

教师告诉学生,他们将学习一种记录阅读材料或课堂笔记的新方法。他们应该用图的方式把握主要观点,而不是用传统的提纲或尽可能多地写下读的或说的内容。用草图记笔记时,他们要把笔记本分成四部分,一部分记一个主要的主题(一张纸可记八个主题)。使用草图记笔记时,学生要试着画简单符号和物体来记住他们正在读或听的内容。再次向学生明确,这个活动的目标不是追求美感,而是找到一种快速把主要观点写在纸上的草图方法。教师准备一些类似图 3.1 中的例子,来演示这种新的记笔记方法。

然后,教师布置一篇短的阅读节选,练习这种草图记笔记方法。当学生完成时,教师鼓励学生以小组的形式相互解释说明他们的草图。通常学生喜欢比较各自的图示,这个过程本身就拓宽了学生对阅读材料中主要观点的理解。继续练习后,鼓励学生评价这种新方法对他们是否有效。

变化

可以要求学生单独或以小组的形式使用草图笔记法做出阅读材料的框架。教师也可以在将来的测试中允许学生使用草图笔记。

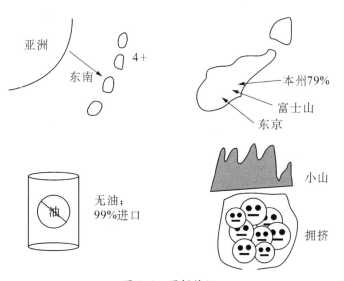

图 3.1　图解笔记

全班参与的反思式问答

目的

本策略给每个学生参与班级讨论的机会,来构建学生的胜任感和联系感。同时它也能有效减少小学课堂中寻求注意式的举手现象。

TARGET 结构

认可;评价;时间

适用年级与学科

本策略适合所有年级和学科领域。

步骤

寻求注意的举手在很多班级中普遍存在。这在提问前学生就举手主动回答问题时特别明显。害羞的学生经常被控制课堂讨论的、强势的同学排挤到一边。本策略把举手发言从讨论中排除了,取而代之的是鼓励所有学生参与其中。

教师首先把每个学生的名字写在 3×5 的卡片上,然后给学生指定一个同伴。根据小组的成熟情况,同伴选择可以通过教师在策略 4.6 中讨论的随机分组法来进行,或让学生自己选择同伴。要求学生在班级讨论过程中坐在同伴旁边。

教师把要讨论的主题进行提问或征询观点,然后让学生用 15 秒的时间思考答案。接着让全部同学安静地与自己的同伴分享他们的答案,每次分享活动时间为 30 秒。最后,教师从这些卡中挑选出一位学生来分享他/她的答案或观点。如果该生不确定或不愿意回答,教师不要叫另外一名学生协助(举手的学生想在这里跳出来)。相反,教师给予提示或给出几个选项来鼓励学生形成自己的答案。害羞的学生特别受益于教师的激励,因为他们在鼓足勇气给出答案前经常需要更多的时间和支持。

当第一个学生回答完毕后,教师从卡片中选出另外两到三个学生参与讨论。用完一张卡后,教师应把它插回到这叠卡中间,重新洗牌。这样就能使所有学生有同等被选中的机会。在分享了大部分观点后,教师可以询问有没有人补充刚才没有说到的观点。只有在这时才允许举手。教师要确定提出来的只有新的观点。

变化

对于每一个讨论主题,教师可以把用过的卡片放在底部,从上面抽出新卡。这就能保证在有人得到第二次机会之前所有的学生都有一次机会发表看法。教师也可以变化同伴指定的方法,有时随机配对,有时学生自己选择,或者教师指定。

来源:Janice Collins 提供,中学英语教师。

合诵诗

目的

　　本策略用来帮助学生形成写作诗歌的胜任力,并刺激他们喜欢用诗歌的形式作为表达自我的方式。本策略还可以通过鼓励学生与同伴合作形成小组联系感。

TARGET 结构

　　任务;权利;认可;分组

适用年级与学科

　　本策略对初中和高中语言艺术课或英语课特别有用。

步骤

　　很多学生喜欢读诗或听诗,但是当要求他们写一首诗时,很多学生感到不安。作为诗歌单元的一部分或文学单元的一部分,探讨人与自然的关系,教师和一名志愿者(学生或成人),用保罗·弗雷茨曼的《欢快声音:合颂诗》(Paul Fleischman's *Joyful Noise*: *Poems in two voices*)(1988;在很多学校图书馆中都有或馆际借阅)一到两个自然段,为全班同学表演合诵诗朗诵。

　　在全班讨论过这些诗的意义和特殊结构之后,让学生与一个同伴合作,从这部诗集中选一段戏剧合诵诗朗读。在朗读了所有的诗之后,鼓励学生与同伴合作写一首他们自己的合诵诗。比较好的主题包括,那些讨论一个主题的两个相反的特征(讨论猫是好的宠物还是坏的宠物的诗)或是有着相同特点但又有重要对比的两个主题(一首关于猫和狗的诗)。根据语言艺术单元的主题,让学生选择一个与自然、体育和人有关的话题、故事主题或人物。

这个活动需要收集适合学生水平的有浓厚兴趣的合诵诗。前面提到过的弗雷茨曼的书是一本关于自然主题的好资源。另一个资源是《我是凤凰》,出自同一个作者和出版社。

变化

教师可以给学生挑战,让他们以更大的小组,根据某个主题,一起撰写三种、四种或更多种声音的合颂诗。合颂写作活动也可以改编用于像科学课或社会研究课,在这些课程中,学生学习某些主题的相似点和对立点。

来源:Katy Grogan,中学教师;Karen Halverson,高中英语教师。

数学读心术

目的

本策略能使学生体验到胜任感和联系感,还能激发学生的兴趣,并参与到数学学习中来。

TARGET 结构

任务;分组;评价

适用年级与学科

本策略对小学高年级、初中和高中特别有用。

步骤

在这个活动中,只要学生具备良好的算术能力,就能取得成功。而分析这个活动能练习基本的代数技能。

教师开始要求学生完成以下八个心理操作:

1. 想出一个数字(最好在一到十之间以简化心算)

2. 乘以 5

3. 加 10

4. 加原来的数

5. 减 4

6. 除以 6

7. 加 3

8. 减原来的数

现在教师宣布,他或她能阅读每一个人的心智——学生在考虑的数字是4。(如果有学生在计算中出了差错,教师可以重复陈述)。

为了分析这个过程,教师让学生用 X 作为最初的数字,写下每一步相应的代数表述。列表看上去应如下:

陈述	代数表示
1. 想出一个数字	X
2. 乘以 5	$5X$
3. 加 10	$5X+10$
4. 加原来的数	$6X+10$
5. 减 4	$6X+6$
6. 除以 6	$X+1$
7. 加 3	$X+4$
8. 减原来的数	4

学生现在可以与同伴一起或以小组的形式来编制自己的数学读心术了。他们至少要六步,在纸的左侧一栏写下文字陈述,右侧写下相应的代数陈述。前面两到三步做加法或乘法时可以避免一些困难。

当他们做完后,应进行相互练习,以确定这个数学读心术有效。如果不行,他们应检查代数栏,一起找到哪儿出错了。

变化

不一定都要以预先定的数字结束的数学读心术,学生可以设计以最初选的数字结束的读心术。下面就是一个这样的例子:

1. 想出一个数字	X
2. 加 10	$X+10$
3. 乘以 2	$2X+20$
4. 加 5	$2X+25$
5. 减 3	$2X+22$
6. 加原来的数字	$3X+22$
7. 加 5	$3X+27$
8. 除以 3	$X+9$

9. 减 9   X

在做代数加法练习时,教师可以给学生几个文字陈述的例子,让学生设计代数等式。

来源:Richard Hall,高中数学老师;Brown,Smith,和 Dolciani (1983)。基本代数。纽约:Houghton Mifflin.

纵横数字谜

目的

本策略在刺激学生对数字产生兴趣的同时可以构建问题解决技能，还可以帮助学生体验到成功。

TARGET 结构

任务；自主；评价；时间

适用年级与学科

本策略可以在小学高年级、初中和高中使用。

步骤

这个问题就像是猜字谜，除了它涉及到的是数字之外。给出第一个线索，然后鼓励学生完成数字谜的剩余部分。数字范围从三位数到五位数，每个数字只能用一次。(学生会发现当一个数字用过后圈出来比较有用。)图 3.2 就是给出的纵横数字谜的例子。

本策略增强了集中精力和问题解决技能。在旅途期间或学生做完了其他的作业时这个活动非常有用。

变化

鼓励学生在图纸上设计自己的纵横数字谜。他们要特别注意结果只有一个正确答案。

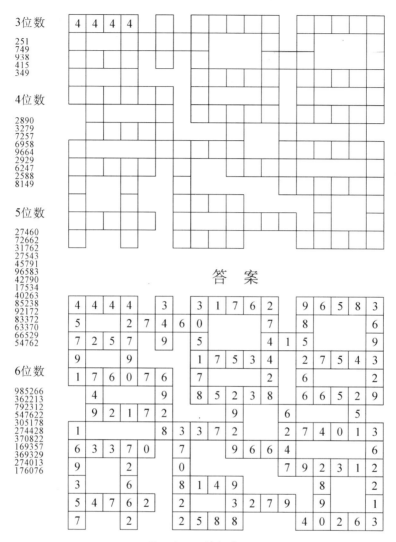

图 3.2 纵横数字谜

来源：Richard Hall，高中数学老师；*Word games for puzzle lovers*.
(1989). Norwalk，CT：Denny Press.

心灵想象

目的

本策略通过想象使学生更深入理解课程内容来增强胜任力。当学生给出对某事件独特见解时还有助于学生体会到自主能力。

TARGET 结构

任务;权力;评价

适用年级与学科

本策略适合各个年级。

步骤

本策略引导学生想象一个具体的课程内容。这要求学生在以前已形成了对教师的信任感,相信教师不会让他们感到尴尬或受到威胁。教师首先复习单元内容,找到一些重要的理解单元目标的关键点或联系。这些关键点就是教师帮助学生心灵想象的内容。

教师先让学生舒服地坐下来,闭上眼睛,以便他们可以用心灵看得更清楚,然后开始想象。学生要放松,舒服地做深呼吸。随着气息的呼出,他们要试着去彻底地放松,释放感受到的任何紧张。鼓励学生想象身体每一部分,从脚趾到头部。如果身体的任何一部分感到紧张,他们要收紧那部分的肌肉几秒钟,然后慢慢放松肌肉并呼出气息,缓慢释放紧张。用一到两分钟的时间让全班放松。

一旦学生的身体放松了,让学生试着去想象一个物体或事件。比如,在社会学内战单元,学生可以想象一场重要的战斗,或者想象一个家庭成员决定为对方而战。在科学单元,学生可以想象一个血液细胞在血液循环系统中流动,或者把自己想象成一个神经细胞或一片草叶。语言艺术课和英语课可以通过主要人物的眼睛看到书中的一个场景。

教师可以提前写出脚本,以便在想象过程中不会分散注意力。所需要的只是丰富的描述性词汇和较慢的语速,这样学生就能“看到”教师描绘的内容。慢而稳定的语速能让学生产生自己的细节和图像。除了视觉,在想象过程中教师还可以鼓励学生去闻气味、尝味道或听具体的声音。因为想象是完全个人的,告诉学生他们完全控制整个过程,如果他们对某个图像感到不舒服或紧张,他们应转向更让人高兴的某件事情上。

在想象结束时,教师应让学生慢慢睁开眼睛,回到教室中。给学生足够的时间讨论想象中的体验。在开始讨论之前,教师可以让学生写几句话描述他们想象到的场景。

在首次使用本策略时,教师应让想象保持在五分钟内,想象内容应聚焦在具体的非个人的图像上。作为学习工具,想象可以帮助学生建立对课程内容更清晰、更个人化的理解。

变化

想象活动后,在进行大范围讨论之前,教师可以让学生与同伴讨论或以小组的形式讨论。这应让更多的学生来分享他们的体验。

当学生习惯了想象,教师可以使用更多的自由回答的练习。根据学生的成熟情况,个人经验可以更好地理解课程内容。例如,让学生回忆自己迷路的经历可以帮助他们更好地理解地图阅读技能。

助教

目的

本策略通过帮助教师处理工作事务来加强学生的胜任感。

TARGET 结构

认可

适用年级与学科

本策略特别适合小学和初中,但经改编后可以适合各年级。

步骤

在每个星期一,教师随机选取一名学生成为本周的班级助教(T.
A.)。在很多小学,教师一学年的教学周数比他的学生数还多,因此直到
所有的学生都做过一次助教,才能允许某些学生再做助教。可以给助教
一些工作,帮助教师处理教学事务,同时为助教提供练习机会。这些工
作可以写在一张长期使用的海报上,在学期开始时向学生解释说明。在
开始几个星期后,学生就可以不用教师的指导或解释就能承担起他们的
职责。助教工作可以包括以下内容:

1. 在一天结束时把作业抄写到教师的笔记本上

2. 写一张标有"我们想念你"的卡放在缺课学生的桌子上

3. 确保把日常作业单放在缺课学生的桌子上

4. 记录出勤人数

5. 收算午饭餐费或牛奶费

6. 帮助安装和操作本周要用的视听设备

7. 与教师共进"工作午餐",讨论每周作业和时间安排

8. 高中科学或演示课可以使用助教,帮助安装实验或演示设备。

为每周值班助教在教师的办公桌旁放置一张专用桌子,可以放置出勤本、作业单、"我们想念你"卡、助教所要求的一些其他表格。许多教师发现这样做非常有用。虽然这样的"工作午餐"对教师可能有点吵,但会给很多学生留下永久的记忆,这已经足够了。

变化

根据学生的年龄和教室的结构,可以改变助教的责任。在学年开始时全班可以对助教可能的责任和任务进行头脑风暴。在学生担任助教的一周结束时可以给一张小的证书或表示感谢的纪念品。

根据班级学生数助教期可以延长或缩短。

来源:Jeri Koss,小学教师。

成功学习契约

目的

本策略通过使学生体验评分过程中的努力—结果相关性,支持所有学生的胜任感。

TARGET 结构

任务;评价;时间

适用年级与学科

本策略可适合所有年级和以字母等第来评价学生表现的很多学科领域。

步骤

准备一个学习学分契约,如果学生完成契约条款(见图 3.3),保证他们本学期得到 A 或 B。发给学生学习学分契约,并告诉他们,下个学期他们可以用已定的评分程序或他们选择签一份有保障的学习学分契约。签订学分契约的学生要完成教师确定的成绩为 A 或 B 的作业。如果不能达到这个质量标准,他们要一直修改作业直到达到要求。考试时,签过契约的学生必须证明达到 A 或 B 的熟练程度或同意参加课外学习小组,参加重授课程或做指导练习直到他们在相同的重考中展示出熟练掌握程度。

作为契约的一部分,教师要保证单独接见学生,讨论他们的进展情况,保证测试问题测试的是明确的课程或单元目标,这些目标已经分发给学生,在课外时间与学生一起学习。

条款：

　　我承诺这个评分阶段只交有质量的作业。家庭作业、项目和测试达到 A 或 B 质量才能通过。我同意再次提交作业直到达到教师的 A 或 B 标准。如果考试中我没有达到 A 或 B 标准，为了证明同等测试中的熟练，我将参加课外学习小组，参加重授课程或指导练习。

　　如果我签了这份契约，这个评分阶段我只能取得 A 或 B、未完成或 F。我知道，在没有先给未完成成绩前不会给 F，在这个评分阶段，我将每次都有机会完成作业。

　　学生签名_____ 日期_____
　　父母签名_____ 日期_____

　　作为教师，我同意单独与你讨论你的进展，保证考查的测试问题所测试的都是你已知的、明确的课程或单元目标，愿意在课外时间帮助你。总之，我只能接受有质量的作业，我将尽全力助你成功。

　　教师签名_____ 日期_____

图 3.3　保证 A 或 B 的学习学分契约

　　签署契约的学生将有尽可能多的时间完成他们的义务。教师同意，在给一个未完成的成绩之前不会给不及格的成绩，而学生每次都可得到机会补全未完成的成绩。

　　教师每学期都可以准备契约。让学生和父母签契约，可以让父母参与和交流。

变化

　　教师可能发现在同一个评分阶段很难保持两种分离的评分系统。相反，在一个特殊的评分阶段，他们可能想设计成功契约用于所有学生。补考很难提前计划，教师有必要让学生放弃一些校外时间来补考。

　　来源：Harold Beedle，中学社会研究课教师

字词分类

目的

本策略通过小组活动来帮助所有学生加深对阅读内容的理解,以此来形成胜任感和联系感。

TARGET 结构

任务;权力

适用年级与学科

本策略可以适合各年级和各学科领域。

步骤

本策略通过鼓励学生用类别来组织和归类信息,提高他们对课文和补充材料的理解。通过这个归纳过程,学生练习整合词汇的意义。

教师首先回顾布置的阅读部分,来决定哪些信息重要,让学生把代表这种信息的词汇整合到字词类别中,要求学生使用类别确定或者把有相同特征的词汇分类。除了选出重要的词汇,通过检验所选文章确定包含上述词汇的更高一级的概念,以此来提前决定分类时要用的类别。

然后,教师把学生分成小组,分配词汇和类别(可以写到黑板和幻灯片上)。接着教师让学生研究阅读材料,确定有共同特征的词汇,并把这些词汇分到预先决定的类别中。让学生讨论词汇的意义,在对词汇分类前寻求一致意见。他们也应准备证明他们基于故事信息的决定是正确的。

下面的列表是来自社会研究单元(Wham,1988)词汇分类的例子。

教师让学生讨论词汇,使用阅读材料,把词汇归到适当的类别中。然后,教师应告诉学生有一些词可以被归入不止一类中,但是每个学生要解释说明他们类别选择的原因。

类别

自然资源

人力资源

资本资源

要分类的词汇

工具	机械	拖拉机
矿	树木	打字机
水	野生动物	电厂
劳动力	工厂	建筑物

变化

词汇分类可以一个人做,最终结果可以在小组中分享。这可以让每个学生有机会在小组讨论前从分类过程中受益。也可以鼓励学生找出另外的类别来分类词汇。在学生练习了词汇分类后,可让学生写出其他人阅读课文时可以用的词汇表和类别。

来源:Wham,M. A.(Spring,1988)。Three strategies for content area teachers. *Illinois Reading Council Journal*,16(1),pp. 52-55.

举隅法

目的

本策略用创造性思维过程,来提高学生理解学业内容和问题解决方面的胜任感。因为这是一个没有正误答案的小组活动,它也能帮助满足学生对自主和联系感的需要。

TARGET 结构

任务;权力;分组;评价

适用年级与学科

本策略适合小学较高年级、初学和高中的各学科领域。

步骤

举隅法指的是一个八步隐喻过程,把分散的元素或观点组合到一起,帮助学生拓展他们的创造性思维技能。他们可以用这些技能更好地理解专业内容或发现解决一般问题的创造性方法。

在开始课堂举隅法活动之前,教师要确保他们已经形成了信任和接纳的环境。让学生分享那些在首次考试中出现的愚蠢的或互不相干的观点。只有其他人愿意将这种判断和批评"悬置",学生才可能对这次冒险感到足够的安全。一个安全的教室心理环境的创造需要不断练习才能达到。在开始举隅法活动之前,学生要有过头脑风暴和开放式讨论的经验。

以下步骤体现了举隅法的步骤(Clasen & Clasen,1993):

1 教师提出一个问题或观点。

2 全班澄清这个问题或观点。

3　教师让学生进行头脑风暴，提出与这个问题有类似特点的**直接类推**问题或比喻。将所有的问题或观点都写在黑板上或投影上。这一步近似于"使熟悉变得陌生"。

4　让全班学生从直接类推列表中选出一个问题进行更加仔细地检查。然后教师让参与者闭上眼睛，想象这个类推问题。这种**个人类推**近似于"让陌生变得熟悉"。

5　紧接着个人类推，教师让全班学生描述这个类推问题是什么样的，对此的描述和感受记录在黑板上或幻灯片上。当每个学生都有机会讲述、描述或感受后，教师鼓励学生检查列表，确定已显现的矛盾元素（这些矛盾的词汇可以用圆圈或数字标出），这些矛盾元素对代表着**浓缩的冲突**，或者看似针锋相对特性之间的强制契合。

6　全班学生从浓缩的冲突列表中选择一个进行仔细研究。教师让学生再次闭上眼睛，想象一个**新的直接类推**，要体现两个针锋相对的特征。

7　教师让学生描述他们新的类推，它是如何保持相反特征的。教师把新的类推记录在黑板上，把学生在举偶法练习中强迫配合所有提出的想法的尝试记录下来，对问题的解决方法或用一种新的方式看待原来的问题。

8　学生讨论对于举偶法练习的看法和感受。

下面是取自 Clasen 和 Clasen(1993，pp. 134 - 136)的两个例子，演示教师在小学和中学教室中如何使用举偶法练习。

例 1——小学课堂中的问题解决

步骤 1：提出的问题

操场上不好的事情。

步骤 2：问题澄清

年龄大的孩子太专横

太多的打架

有些孩子踢别人

某些设施总是被少数人占有

步骤 3：直接类推

教师让孩子们直接比较运动场和另一种有生命的或无生命的事物（使熟悉的事物变得陌生）。

丛林

动物园

战场

逃逸的卡车

坏的录音机

美洲早期的殖民地

所有宠物都逃脱的宠物店

列出所有的例子。在罗列之后,孩子们要对例子分类,或简单讨论每一个例子。

步骤 4：个人类推

教师让学生选出直接类推中的一个进行更为仔细的研究。（或教师选择一个类推例子。）然后,教师让学生"变成这个事物"。这经常被作为视觉化体验(使陌生的变成熟悉)。

例如,学生可以选择变成宠物店逃脱的动物。学生扮演类推中的角色。教师指导学生,让他们关注他们选的角色,如何表现,有什么感受。对下面可能出现的想法加以评论：

"我觉得我可能会被抓回去。"

"我假装很勇敢,但是很害怕。"

"没有被关到笼子里很好玩。"

在这种体验后,学生讨论他们做了什么,他们的动机和感受：

"我想大些的动物会吃掉我。"

"我感到失控了。"

在黑板上列出关键词,在大部分意见提出之后,小组找出矛盾的词汇,如"被抓回去"或""失控"。

步骤 5：精简冲突

在找到所有矛盾的词汇后,小组选出一对。教师询问学生他们是否想出具有这些矛盾特征的其他事物。

步骤 6：另一个直接类推

对于"被抓回去"和"失控"共有的特征，学生可能会说龙卷风、喝醉的司机、火等等。这些最后的直接类推测试的是它们如何与"被抓回去"和"失控"固有的精简冲突相联系。

步骤 7：问题的再审查

这时，教师回到运动场这个情景中。让学生指出这种体验如何给他们一个对运动场问题更为清楚的理解，或使他们用另一种方式看它。他们讨论他们的观点和感受，看能不能建议用不同的方式解决运动场争辩。比如，他们可能说被抓回去的孩子可能真的失控了，要给他们一点控制或指导。他们也可能对儿童的权力和恐惧感更敏感。

步骤 8：讨论举偶法的过程

对举偶法的过程的讨论是看这种体验能不能使学生对运动场的问题有更好的理解。

例 2——中学文学课的描述

步骤 1：问题的提出

对中心人物的理解对于理解文学作品非常关键。

步骤 2：问题的澄清

对 Winston 的理解，他是《乔治·奥维尔的 1984》(George Orwell's 1984)中的一个中心人物，是理解这本书的关键。

步骤 3：直接类推

学生罗列出像 Winston 的有生命和或无生命的事物：

风中没有弯曲的芦苇

坏的烤箱

测试车

步骤 4：个人类推

学生选择一个比较，运用想象，"变成该事物"。例如，他们可变成测试车。然后，学生进行体验，包括他们在进行类推时体验到的反应、想法或行为。

步骤 5：精简冲突

从体验描述中选择矛盾词汇或短语。例如，可能把测试车描述成重要的和无用的,最新式的和过时的。

步骤6:另一个直接类推

找到另一个包含矛盾术语的直接类推。例如,对重要和无用,学生可能说纪念碑。对最新式和过时,他们可能给出计算机或新闻文章。

步骤7:对问题的再检查

要包括,使讨论重新聚焦到 Winston 和在类推中他会怎么样。

步骤8:讨论举偶法过程

讨论举偶法过程是看这种体验是否影响了学生对 Winston 的理解。

变化

教师可以改变举偶法练习,使其适合各种学科领域或问题情景。小组可以做自己的讨论,在教师指导整个过程时保留他们自己的列表。小组和大组之间的相互影响可以根据学生的年级变化。

来源:改编自 Clasen,D. R. , & Clasen,R. E. (1993) Synectics in the classroom. In P. J. Hillmann, D. R. Clasen, and R. E. Clasen(Eds.), *Teaching for thinking*:*Creativity in the classroom* (3rd ed.). Madison, WI:University of Wisconsin-Madison Educational Extension Programs. [Examples reproduced with permission.]

数学日记

目的

本策略有助于建立师生之间的双向交流。通过使学生有机会分享学习数学时的观点和心情,教师可以鼓励学生在掌握技能和知识时要坚持不懈,虽然这些知识有时让人非常困惑。

TARGET 结构

任务;认可;评价

适用年级与学科

本策略适合所有年级和学科领域,对中学生特别有用。

步骤

在学期开始时,给学生或让学生买一个小的记录本,用作写日记。作为选择,教师也可以把 $8\frac{1}{2} \times 11$ 的纸叠在一起,从中心处钉住。每张纸就有四页来写日记。

让学生每天都把数学日记带来。在每节课结束时,教师让学生花几分钟的时间在日记上写记录。可以在黑板上列出一到两个问题,帮助学生集中他们的反应。以下是教师为达此目的可以采用的问题的例子(教师可以用以下问题作为例子):

1. 你今天学会了哪些昨天还不知道的知识?

2. 在今天的数学课上,你感觉什么最难?

3. 教师怎么做可以帮助你更好地学习数学?

4. 在数学课上你最喜欢什么?

5. 在数学课上你最讨厌什么？

6. 你对数学课上的家庭作业有什么看法？

7. 你认为你的数学成绩怎么样？

当首次介绍数学日记时,教师会发现讨论写日记的目的和指导非常有用,学生应把记日记的目的和指导记在心里。教师要强调,通过了解学生对数学课不同方面的观点和情感,教师能更好地设计作业和练习,帮助学生克服学习数学时的困难。

强调以下写日记指南,帮助学生减少担心。这还可以引出一些对教师有用的信息。教师鼓励学生坚持不懈,设计或调整学习活动,帮助学生更好地理解和掌握数学技能。

1. 你在数学日记中写的想法和观点没有对错,它们也不会影响你的成绩。

2. 要诚实。

3. 像与朋友聊天一样写日记。

4. 如果有用,用图表来解释你的想法。

5. 如果问题让你难以回答,那么写出使你停下来的原因。

6. 语法和拼写不被评价,但是尽可能表达清楚。

7. 你写在日记上的所有内容都将被保密。

教师可以每两周收一次学生的日记。虽然阅读日记和写评语要花些时间,很多教师认为他们从日记中所获得的理解和领悟值得花这些额外的时间。

变化

教师可以在任何一门课中用日记。教师可以选择让学生每周记一次日记而不是每天记一次。这减少了教师阅读和回复的时间。

教师发现这样做有用,得到学生有关学习活动、教学速度、教学的清楚程度的匿名反馈非常有用。除了日记之外,不记名评价也非常有用,当然这不能代替日记。

来源:Walter Siodlarz,中学数学教师。

符合我的分类

目的

本策略让所有学生体验到问题解决任务中的成功,它也可以支持小组联系感和归属感。

TARGET 结构

任务;分组;评价

适用年级与学科

本策略对小学、初中特别有用,但也适合某些高中课程。

步骤

在每节课的活动开始或结束时有额外的几分钟时间时,这个策略非常有用。随机选一个学生开始这个活动,此学生叫"学生领导"。让该生想一个类别,用它来对全班学生分组。例如,类别可以是那些穿牛仔裤或网球鞋的人、留着短发的人、穿长袖衣服的人、戴眼镜的人等等。学生并不说出类别,而是叫出三个适合此类别的学生到教室的前面。

然后,学生领导在教室里走动,问班级所有成员他们是否认为自己适合所选类别。每个学生根据他们的观察和关于类别的假设回答"是"或"不是"。如果回答"是",他们就加入到教室前面的小组中来。如果回答"不是",他们就留在原位。如果学生回答不对,那位学生领导改正,他们作出相应的行动,或加入小组或留在原位。

当所有学生都做出了猜测时,前面的小组应包括适合此类别的所有学生。这时,让坐在原位的学生猜这个类别。如果大多数学生已经发现了规则,坐在原位的学生一起说出规则。下次做这个游戏时再随机选一个学生做领导。

变化

　·　这个活动适合高中语言课,可帮助他们学习词汇,用外语发现和说明类别增加了额外的挑战。

来源:由 Wendy Sallam 改编,小学教师。

消除失败

目的

本策略用来克服学生接受不满意的成绩,增强他们的胜任感。它也可以帮助学生降低与考试有关的焦虑。

TARGET 结构

评价;时间

适用年级与学科

本策略适合各个年级和以单元测试来判断学生成功的主要依据的学科领域。

步骤

本策略要求教师有权力改变评分体系。因为有些教师没有本策略中建议的做出改变的自主权,他们需要得到管理层或董事会的同意。

当使用本策略时,教师要改变评分体系,以便如果学生在单元测试中得不到 A、B 或 C,可以给他们一个未完成的等第而不是 D 或 F。如果学生得到一个未完成的分数,允许他们继续学习下个单元,但是要求他们参加重考,重考涵盖得到未完成成绩学科知识点。学生有责任来决定用哪种最适合自己的策略来调整不如人意的学习,但是教师愿意在这个过程中给予时间和帮助是非常重要的。要以原先考试相同的标准和评分体系来评价重考。这个重学-重考过程一直持续到学生取得 C⁻ 或是更高的成绩。

如果一个学生在前一个未完成等第没有改变前又得了一个未完成

成绩,这个学生就要离开班级,进行单独学习。如果教学速度比他们的接受能力快些,让学生单独学习这种做法可以让一些学生稍微慢点,使他们有跟上班里其他学生的时间。在实践中,这种教学组织为成绩不理想的学生体验成功提供了有显著成效的程序。

如果管理政策允许,除非学生以 C⁻ 或更高的分数,否则就不能取得该课程的学分。为了支持胜任感,允许学生用额外的时间完成暑期学校或下个学期要求的单元。

很明显,这个教学方法需要教师付出更多的时间和精力。很多尝试过这种教学方法的教师认为,为不断增加的学生成功值得付出这样的努力。

变化

为了减少困难,可以在系办公室或会议室使用付费的学生私人教师,帮助学生学习即将被评价的内容。学生私人教师也可以用来管理重考。在课堂中偶尔穿插一些丰富的活动,可为正试图迎头赶上而努力的学生创设喘息机会。

来源:Dennis Teichow,高中科学教师;Don Breen,高中英语和社会课教师。

评分指标

目的

本策略用一种可见的方式让学生享受成功和体验胜任感。

TARGET 结构

任务；认可；评价

适用年级与学科

本策略在小学中很有用。

步骤

本策略基于这样一个假设，很多学生交上的是写得不好的或考虑不周的作业，因为他们不清楚教师对高质量文章的期望。为了帮助学生改进书面作业的质量，教师准备并分发要求学生完成的每次书面作业的评分或评价标准。

评分标准有几种形式，但是它们经常是简单界定教师对每次具体作业的 A、B、C 的期望或评价标准。评分标准越详细越准确，对提高学生表现的质量越有帮助。下面是一个适合具体作业的一般评分标准的例子：

A 分论文——学生要给出一个完整的分析，分析要清楚、有条理、解释无歧义。学生要证明对重要概念或概括的详细理解。文章要有丰富、生动、强有力的细节，以及对主题某方面的领悟。要用清楚适当的例子支持概括。

B 分论文——学生给出一个相对完整的关于主题的描述，并进行合理的解释,但是主题元素可能缺少细节,没有完全展开。虽然使用例子支持概括,但是例子可能简单提及而且有限。

C分论文——学生最低限度地描述了主题,但是解释混乱、不完整或模糊。使用例子支持概括,但是例子描述不够充分,或证明了错误观念,或与概括没有直接联系。

图 3.4 提供了一个更为详细的评价标准,作者在一门课中用来评价自学作业,这个评价标准用来帮助教师增强学生学习动机。在发放评价标准前,学生收到一个自学作业的详细描述。

A分——学生提供一份详细的个人专业志向和教育信念分析。提供一份个人强项和弱项的反思性评估,要与作为一名教师的有效性相联系。从这份描述报告中,可以清楚学生已经考虑了他/她作为教师角色的几个方面,也可以从几个方面看出学生的动机。学生清楚地描述了导致学生缺乏兴趣的学校环境因素。详细的学生学业需求描述被呈现出来,学生界定了支持或遏制他们的需求的学校环境因素。学生提出结构性的变化和策略,有例子支持,如何帮助学生满足他们的课堂需求。最后,学生形成一篇信念和个人哲学陈述,处理那些放弃继续上学的学生。

B分——学生提供一份有关他/她的专业志向、教育信念和强项与弱项的分析,要与教学专业相联系。要提供积极的和消极的例子。讨论要显示学生对学业的冷漠和不参与,从教师或学生的观点,提供致使学生冷漠的因素描述。学生要证明对心理学业需求的理解和确定抑制这些需求的因素。学生要提供一到两个结构性变化或测量,部分有例子支持,帮助学生满足心理学业需求。最后,学生形成关于信念和个人哲学的部分陈述,本质上是一般的或与前面的陈述不一致的,处理那些放弃继续上学的学生。

C分——学生提供一份有关他/她专业志向、教育信念的模糊的或有限的讨论。当角色模型被提供时,它们与学生教育信念发展没有联系。讨论要显示,学生从有限的观点中看到学生的学习动机,几乎没有讨论导致学生冷漠的因素。有增强学生动机的建议或策略,但是它们与学生的教育信念不一致或与学生的心理学业需求没有联系。

自我评价

提供一张一页纸的关于自学的自我评价,要以以上评分标准为基础。包括你的论文应得的分数和理由。

图 3.4　自学评价标准

如果有必要,评分标准包含广泛的陈述,像"详细"、"清楚"、"无歧义"或"完整"。为了让学生更清楚地理解教师对这些形容词的界定,保留以前得 A、B、C 分的论文作为例子与学生分享。

教师允许学生重写没有达到学生自己想要标准的论文。虽然这个过程要花教师很多时间和精力，但对提高学生的学习和胜任感很有用。

教师会发现以下书籍对建立评分标准和评价标准非常有用：

HERMAN, J., ASCHBACHER, P., & WINTERS, L. *A practical guide to alternative assessment*. Alexandria, VA：Association for Supervision and Curriculum Development.

MARZANO, R., PICKERING, D., & MCTIGHE, J. (1993)。*Assessing student outcomes*. Alexandria，VA：Association for Supervision and Curriculum Development。

WIGGINS, G. (1993). *Assessing student performance*. San Francisco：Jossey-Bass。

变化

教师可以用评分标准元素评分会比用字母评分更有效。这些分值被记录下来，平均到单元或学季成绩中。

"我能"罐头

目的

本策略用一种可见的方式让学生享受成功和体验胜任感。

TARGET 结构

任务;认可;评价

适用年级与学科

本策略在小学中很有用。

步骤

为了帮助学生关注他们的成绩和能力,本策略需要教师要求每个学生带一个干净的、带有一个可移动塑料盖子的罐头铁盒。一磅的咖啡盒最为理想,但是任何类型的罐头盒都可以。如果罐头盒没有塑料盖子,可以用硬纸板做一个,粘在罐头盒的顶部。然后,让学生用彩条纸粘在上面,并画上代表自己的图画装饰罐头盒,比如,他们喜欢的科目或运动。彩条纸上还要有"我能"罐头标签。教师用锋利的剪刀在罐头盒盖子上剪出一个两到三英寸的窄空。根据教室的性质,学生可以把罐头盒放在课桌里、沿后墙放好、个人的小壁橱中或教师指定的其他方便的地方。每天结束时,让学生在一张小纸条上写出一件事情或一条信息,可以是他们白天学到的,最为骄傲的,或他们当天不知道的,或前一天不知道的事情。让他们把这张纸条放到"我能"罐头盒里。

大约每个月一次,要求学生打开"我能"罐头盒,默读这些纸条。然后,教师引导全班讨论过去一个月中他们学到的新的技能和知识。他们可以讨论最难学会或花了最多精力学会的技能，他们也可以回忆现在已经掌握而之前没有掌握这项技能或知识的感受。

通过给学生提供定期检查他们的成绩和回顾他们付出的努力，鼓励学生在学习中遇到挫折时坚持不懈。

变化

根据学生的年级，"我能"罐头盒打开的频率可长可短。还要鼓励学生用"我能"纸条制作拼贴画来装饰班级。这个在家长-教师会议和接待日特别有用。也可以鼓励学生在学季末清空"我能"罐头盒，以便可以与父母分享"我能"纸条。

来源：改编于 Jones，V.，& Jones，L.（1990）。*Comprehensive Classroom Management*（3rd ed.）. Boston：Allyn and Bacon.

终结"我不能"

目的

本策略通过帮助学生排除适得其反的想法和观点帮助学生建立胜任感。

TARGET 结构

任务；权力

适用年级与学科

本策略特别适合小学较高年级、初中，但是也可以进行改编以适合几乎各个年级和各学科领域。

步骤

（本策略需要提前做好准备，可能需要学校管理层的支持。）在黑板或幻灯片上写上"我不能……"，然后，让学生拿出一张干净的纸，写出所有他们不能做的事情，尽可能多地完成"我不能"这个句子，如"我不能拥有一辆山地自行车"，"我没有我弟弟高"，或"我不能理解分数"。给全班几分钟的时间，让他们写下他们不能做的所有的事情。如果学生需要，再给他们一张纸。

当学生开始慢下来时，找几个自愿者向全班读一下他们写的内容。当大多数人有机会分享了他们"我不能"的内容后，让学生根据刚才大家所念的内容充实一下自己的"我不能"纸条。当大多数学生完成后，让他们把他们罗列的内容放到你桌子上的盒子里，关上盒子并封好。

如果你是在温暖的秋天做这个活动，让全班把所有东西都留在桌子上，尽可能安静地跟着你。（不知道他们将去何处的担心会激起他们的好奇和兴趣。)拿起封好的盒子,领着大家走出教室,来到走廊里,从最近的出口出来。让大家来学校的一个偏僻的地方,事先你在这里挖好一个洞,铁铲可以从家里带来或从看管人处借一把。当全体学生来到这个洞前面时,让大家围成一个圆圈。把盒子放在洞里,然后念一篇准备好的宣言,类似于下面这篇:

> 女士们,先生们,今天早晨我们聚集在这里,向一位亲爱的朋友说再见,多年来我们爱戴和信任的朋友,我们将想念它的陪伴。伴着沉痛,我们向它说再见,为此我们的生活将不再相同。然而,就像夜晚降临,我们的生活必须继续,我们必须学会没有我们的朋友的生活。再见,"我不能"。

然后,拿起铁铲,在盒子上放一些土。把铁铲递给学生,让每个学生都有机会参加这个葬礼。在填满这个洞后,把学生领回到教室。

当所有学生回到座位上后,拿出一个事先准备好的墓碑版,上面写着:安息,"我不能",并把它钉在教室前面的信息版上。这时,不要讨论葬礼或对这个活动说些什么。

在接下来的几天里,按照正常的计划继续上课,在遇到一个新的作业或任务时要仔细注意倾听"我不能"。当你听到学生说适得其反的话时,你需要说的是:"抱歉,它已经不和我们在一起了。"就是在这个时刻,学生开始理解参加这个葬礼的意义。

当学生意识到他们的好朋友"我不能"不允许在课堂上出现时,他们要学会使用"我不会"、"我不做"或"我选择不做"作为代替。这些术语降低了"我不能"产生的无助感,能帮助学生产生所有感和学习的个人责任。

变化

有很多种方法可以帮助学生从他们的词汇中排除掉"我不能"这个词汇,但是模拟葬礼使这一点具有戏剧化。到学校焚化炉或垃圾回收箱也可以起到相同的效果。你也可以鼓励学生自己写颂词,他们可以引用葬礼上用的颂词。

来源:由教学顾问 Chick Moorman 改编自一场演出。

一小时读一本书

目的

本策略给学生提供了在短时间内阅读一本小说的挑战,在提高学生积极的小组相互依靠的同时也可以加强学生的胜任感。

TARGET 结构

任务;分组

适用年级与学科

本策略对初中和高中的学生特别有用,也适合于大多数学科领域。

步骤

首先,选一本小说,这本小说的章节数与班级中的学生人数相同,小说内容也适合学生的阅读水平。要选一本能对男生和女生都有吸引力的书,而且书中不要有太多的次要情节或人物。

向全班学生解释说明,下节课他们要读一本小说,并要讨论整本小说。为了完成这个任务,所有学生都要对这个共同目标作出贡献。把这个小说向全班展示,告诉他们小说题目和作者。你也可以简要提一下故事的背景或你认为对学生开始阅读有益的其他信息。

接着,让每个学生读一个章节。可以把一本书拆开来,一个章节分给一个学生。阅读速度快的学生可以阅读较长的章节,阅读较慢的学生可以读较短的章节。如果学生的人数比书的章节多,再把另外一本拆开,以便两个学生可以读同一个章节。

告诉学生,他们的任务会很困难。因为开始时,他们会对人物身份和事件的顺序很困惑。虽然有这种挫折，鼓励学生坚持，尽全力获得章节的意义。当所有学生读完了他们的章节，给学生两分钟时间讲述章节中的人物和事件。告诉学生他们可以在纸上做笔记，但不鼓励他们关注太多的细节。

教师应阅读一个章节（最好是第一章）。这可以让教师对合适的阅读行为做样例，强化学生对一小时内读一本小说的目标作出贡献。

在所有学生完成阅读之后，教师用重述第一章作为例子开始讨论。确定主要人物和故事。对与后续事件有联系的细节也要呈现。找到太少细节和太多细节的折中办法，限制在两分钟以内（在较长的章节可以延长）很重要。在教师的引导下，学生重述整本书，一章接着一章，直到讲完整个故事。

在学生重述他们所读章节的重要事件时，以下建议可以帮助教师简化不完整的故事：

1. 把学生做的故事情节总结浓缩成一两句话写在黑板上。

2. 对补充重要信息有困难的学生，问一些开放性的问题。

3. 提醒学生向小组重述章节不是重读章节。

4. 补充学生忽略的重要信息（只有这个信息对理解故事情节或故事主题很关键时才这样做）。

5. 有必要时，把次要情节或分裂的片断连在一起。

变化

根据时间限制，可以一天阅读书，另外一天讨论。重述这本书也可以变化：如果这本书很长，可以先于前面的章节讨论书中的中间章节，可以引起并保持学生重述的兴趣。

来源：改编于 Lori Weatra，中学语言艺术教师；Cyrus Smith 和 Jan Hintz，教育学教授。

第四章

增强归属感和联系感的策略

人类有一种基本的心理需要,试图以多种方式与他人建立联系,以强化他们在情感上的安全感和归属感的需要。人们努力建立相互联系,互相支持,建立共同感。这些情感上的联结培育并保持凝聚力和满足感,而且人们正是通过这种联系了解自己的价值和能力的。

然而,凝聚力并不是小组活动自然的或必然发生的结果。凝聚力的发展要求小组成员之间相互依赖和运用社会相互作用技能支持小组中的每个成员。

关于增强学生联系感的建议

1. **帮助学生学会移情性倾听（empathic listening）技能。**只有倾听并接纳他人的情感,才能期望自己的情感为他人所倾听和理解。

2. **帮助学生学会以不攻击或伤害他人的方式表达自己的感情。**每个人都必须担当自己感情的行使权,并以不评判他人的方式进行表达。

3. **花时间系统地帮助学生学会表达对于他人的接纳和支持。**在学习接纳和人际支持方面,学生需要帮助。

4. **帮助学生学习和练习解决冲突的技能。**学生经常不自己解决他们之间的冲突,而是寻求教师来"解决"他们的冲突。不能期望学生未经先决技能训练,就能解决冲突。

5. **尝试在课堂上发展小组目标和相互依赖。**合作学习活动能够通过帮助学生认同并努力达成共同目标而支持内在动机。

6. **培养要为实现班级和小组目标做出贡献的个人责任感**。当学生认识到他们的成绩和贡献对于班上其他人的成功很重要的时候,动机得到增强。

7. **避免学生因他人的行为而受到处罚**。尽管小组目标是建立起积极的互相依赖的关系,但也不应该使学生因他人的行为而受罚。

8. **避免强迫学生为有限的奖赏竞争**。强迫竞争会导致分离和疏远,会削弱内在动机的基础。

9. **肯定课堂上情感目标的重要性**。情感目标支持的内在动机不应该被忽视。

10. **运用反馈程序评价和讨论班级的人际氛围和班级个性**。当学生有机会评价在满足自己的学业需要和人际需要方面自己做得怎么样时,他们的内在动机得到增强。

合作的两难问题

目的

本策略通过一个简单的游戏,让所有参与者选择合作比选择对抗获得更高的分数,帮助学生了解合作的价值比竞争高,从而建立联系感和自主意识。

TARGET 结构

任务;权力;认可;分组;评价;时间

适用年级和学科

本策略最适合于初中和高中。

步骤

教师发给每个学生一个袋子,内含 25 张小正方形草稿纸和一张记分单(见图 4.1),让学生与一同伴背靠背坐好。让学生在记分单上写下自己和同伴的名字。给学生如下的指导语:

这个游戏的目标是赢得尽可能多的分数。游戏共玩 25 轮。在一轮期间,你要在一张稿纸上悄悄地写上 C 代表合作(Cooperate),或者写 F 代表对抗(Fight)。完成后比较你和同伴的答案。该轮计分标准如下:

A. 都写 F＝每人 1 分

B. 都写 C＝每人 3 分

C. 一人写 F,一人写 C＝写 F 的人得 5 分,写 C 的人得 0 分记录分数,丢掉用过的纸条,在教师的指令下开始新的一轮。在完成25轮之后,加总分。游戏一旦开始,你就不能与同伴讲话。

	1	2	3	4	5	6	7	8	9	10	11	12	13	14	15	16	17	18	19	20	21	22	23	24	25
姓名:																									
同伴:																									

图 4.1　合作或对抗记分单

既然对抗可以比合作得到更高分值,许多学生在头几轮更经常地选择 F。他们认为,如果同伴决定选 C(合作),他们会因选 F(对抗)而得到五分,选择对抗具有很强的诱惑性。即使他们的同伴也决定选择对抗,每人仍然可以得到一分。

每位玩家所面对的两难选择在于,如果两个玩家都选择对抗,与均选合作相比,两人的得分都较低。然而两人可能都不愿意选择合作,以免同伴选择对抗,攻击自己而赢得五分。有些搭档很快意识到,如果他们总是合作,可以比害怕合作的搭档得到更多的分数。但是,如果某个学生趁机利用这种信任,则双方都会在随后的游戏轮次中重新选择对抗。

在算好总分之后,可以引导学生讨论他们所选择的游戏策略,讨论某些玩伴组是如何克服两难困境不选对抗而选合作的。教师会发现这样做非常有用。教师可以将讨论拓展到历史上的对抗和社会相互作用。

变化

在活动开始时,教师可以安排一些组都是男生,一些组都是女生,而另一些组一男一女。比较这些组的总分(分别加和总分之后进行对比),从性别关系角度讨论统计结构。一些教师重新设计本项活动,可能选用三人或四人一组。这需要一个类似的记分程序,给选择对抗多一点得分,但奖赏选择合作的小组。

来源:改编自高中历史教师 Philip Sanborn。

测量动机氛围

目的

本策略利用学生的知觉向教师提供有关课堂动机氛围的反馈,建立组内相互联系感和自主意识。

TARGET 结构

权力;分组;评价

适用年级和学科

本策略经改编可适用于几乎所有年级水平和学科领域。

步骤

复制图 4.2 所示的动机氛围调查表,或者设计一个适合学生年龄和背景的类似调查表。教师向全班说明,填写调查表的目的是帮助其更好地理解自己是如何看待学习内容和学习活动的,以及为了增强他们的内在学习动机,教师可以做些改变或改进。

让学生匿名完成调查表,然后逐项计算均值或平均反应,汇总结果。把结果总结报告提供给全班同学,然后组织讨论内在动机及其与全班同学之间的关系。你会发现,这样做是有用的。你可以问一问某些项目的均值是否让某些学生感到惊讶,或者如何运用这些信息帮助实现学业目标并且满足全班同学的动机兴趣。

利用学生的建议,使学习活动在完成教学目标的同时能更多地激发内在动机,这是使学生建立自主性和控制自己学习的有力方法。当学生与教师的需要和观点都得到尊重时,学习就能取得成功。

指导语：

请在下列每个项目中最符合你观点的数字上划圈。

	同意			不同意	
1. 我理解本门课中的大部分内容。	1	2	3	4	5
2. 在本门课上我大部分时间都在努力做到最好。	1	2	3	4	5
3. 我的同学互相帮助学习。	1	2	3	4	5
4. 在本门课上,我知道在需要时如何寻求帮助。	1	2	3	4	5
5. 在本门课上,教师和学生互相倾听。	1	2	3	4	5
6. 我发现,本门课的作业经常充满乐趣。	1	2	3	4	5
7. 本门课所学内容有助于我学习其他内容。	1	2	3	4	5
8. 大多数在学校里所学的内容对我将是有用的。	1	2	3	4	5
9. 教师鼓励我尽力做到最好。	1	2	3	4	5
10. 我认为我有多种学习方法可供选择。	1	2	3	4	5
11. 我为所得成绩努力学习。	1	2	3	4	5
12. 我认为我所得到的成绩是合理的。	1	2	3	4	5
13. 我的教室是友好而安全的学习场所。	1	2	3	4	5
14. 我班上的同学互相关心。	1	2	3	4	5

图 4.2　动机氛围调查表

感谢网

目的

本活动用于建立组内相互联系感。它还鼓励学生在与他人的联系中运用积极的陈述。

TARGET 结构

认可;分组

适用年级和学科

本策略最适用于小学生,但也可改编用于初中。

步骤

年初,教师让全班围坐成一个大圆圈。教师向全班解释说明,大家要用一个棉线球编织一张网。(根据学生的背景,可以在本活动之前组织有关网的讨论。)教师拿住棉线的一端,将线球抛向圈对面的学生。当该生接住球时,教师就接球者先前的某个行为说一句表示感谢的话。例如,教师将球扔给了 Andrea,在她接住球后,教师可以说:"Andrea,我感谢你用休息时间清扫沙鼠笼。"Andrea 回答:"谢谢您!"然后将线球扔给另外一个同学,并说一句表示感谢的话。如此反复直到所有学生都接到过线球。

在网织成之后,教师可以组织有关网呈现的象征意义的讨论。大家都会观察到,现在全班同学都连接到一起了,如果一个人要走开,网就会散开。还可以讨论在听到他人感谢时的感受,以及为什么有时难以表达或者接受感谢。为让全班同学都记住这种在一起的感觉,教师可以请同事拍一张完成的感谢网的照片,以便可以在教室中展示。

　　学生通过相反程序解开网:将线球扔回抛球人,当他/她缠绕棉线时,早先接受感谢的学生现在向扔球人表示感谢。重复这一过程,直至球被抛回到教师手中。

变化

可以用与策略 2.3 相类似的举起卡片来代替对于感谢的陈述。

来源:改编自小学教师 Maureen Lucey。

116

头脑风暴

目的

本策略通过使所有学生都能对达成共同目标作出贡献,来培养学生的联系感和胜任感,还可以将它用作合作学习小组的破冰活动。

TARGET 结构

任务;分组;评价

适用年级和学科

通过变化话题,本策略可以适用于几乎所有年级和学科领域。

步骤

教师将全班分成由四人或五人组成的小组。采用策略4.6中讨论的随机分组程序,或者允许学生选择小组,完成将学生分派到一定小组的分组工作。本策略用作合作学习小组的破冰活动尤为有用,而合作小组成员将一起完成其他学习任务。

教师发给每个小组两支铅笔和两本便签簿,要求各组选定答案记录员和小组发言人。这些角色可以分享。

活动开始,教师给学生一个一般类别或者与课程内容有关的特定类别。然后让学生在一分钟之内就该类别做出尽可能多的反应。例如,类别可以是"会飞的东西"或"非洲国家"。

一分钟的时间一到,就要求学生放下铅笔。教师把每个小组的名字或编号写在黑板上,然后让第一组报一个答案。如果答案满足类别要求,先前没有被提到,教师给该组记一分。然后让第二组报一个答案,如此继续下去。每组一次只允许给出一个答案,而且一个答案只能用一次。如果给出的答案已被提到过,该组失去本次得分机会。这鼓励学生组织起来,倾听其他组的回答。

当每个小组都有机会做出回答之后,第一轮完成。第二轮从第二组开始,不是第一组,第三轮从第三组开始,如此继续下去。当一个小组用完了答案之后,必须放弃以后每一轮,直到所有小组完成。然后加总分,祝贺获胜的小组。然后选择新的类别。

可以选择如下类别:

著名作家、漂浮的东西、汽车类型、节日、水体、最差的圣诞节礼物、即兴购物通道见闻、阅读所知事物以及加逗号的位置、蛙的组成部分、计算机程序的名称、树的种类、蔬菜、水果、牛肉块、质数、南北战争中的战斗、大西洋沿岸国家、NFL 足球队、管弦乐器等等。

来源:小学图书馆管理员 Amy Christianson。

螺母和螺栓

目的

本策略用于建立小组的凝聚力、联系感和相互依赖感。

TARGET 结构

任务；分组

适用年级和学科

本策略在初中运用最有效，但也可以改编以适用于几乎所有年级水平。

步骤

将全班分成由四至六人组成的小组。给每个小组一袋材料，要求学生听到指令后才能打开。接下来说明每袋材料包括三种规格的螺母、垫圈和螺栓（见材料表）。每组的任务是按照下列顺序（见图 4.3，在黑板上写下该信息）尽可能快地将螺母和垫圈装配到螺栓上：

教师应该将所有螺母旋紧到螺栓上，用秒表确定每个小组完成任务所用秒数。在学生理解了指令，准备好秒表之后，教师向各组宣布开始。

通常，每组完成任务所用时间有一个变化范围。在第一次尝试之后，应将螺母卸下，将所有零件放回袋中。然后各组讨论他们是如何装配螺母的，做怎样的改变可以提高效率。然后给各组第二次机会，进行计时完成任务竞赛。

在第二次尝试结束之后，应鼓励全班讨论每个小组是如何分解完成任务所需操作的。讨论可以集中于团队工作的重要性，和让每个成员都为最终结果作出贡献的重要性。而第三次或第四次尝试可用于确定哪些

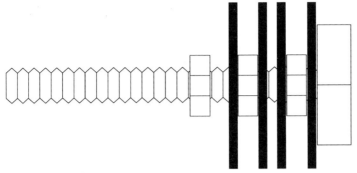

1. 垫圈　　5. 螺母
2. 螺母　　6. 垫圈
3. 垫圈　　7. 螺母
4. 垫圈

图 4.3　螺母和螺栓

学生在完成任务中工作最有效。

变化

可以调整所提供零件的数量和小组的大小,以适应班级所在年级及其手工操作的灵巧水平。可以应用团队竞争,而将活动焦点放在如何进行团队作业以及分担责任以提高小组作业效率上。

材料

每个组的零件袋中包含:

(1) ¼英寸螺栓约 1 英寸长

(1) ⁵⁄₁₆英寸螺栓约 1¼英寸长

(1) ⅜英寸螺栓约 1½英寸长

(3) ¼英寸螺母

(3) ⁵⁄₁₆英寸螺母

(3) ⅜英寸螺母

(4) ¼英寸垫圈

(4) ⁵⁄₁₆英寸垫圈

(4) ⅜英寸垫圈

来源:初中健康教师 Ron Sdano 提供。

随机分组

目的

本策略可用于建立小组联系感,向教师提供一种用于将学生随机分组与再分组的有趣又有效的方法。

TARGET 结构

权力;分组

适用年级和学科

本策略尤其受小学生和初中生欢迎,但改编后可以适用所有年级水平。

步骤

本策略要求教师向班上每位学生提供一张大小、形状、颜色和花纹各不相同的彩色美术纸。教师可以将一个学期所用美术纸订在一起放到学生的书桌、笔记本或教科书中。根据所要求小组的大小,可以由教师或者一个学生随机选择一种组合来分组。教师可以用以下指南准备最多32位学生的美术纸(本任务并不像看上去这么复杂):

指南

1. 开始准备两叠纸片,每叠包含16张边长为四英寸的正方形纸片。每叠纸片的颜色应该不同(本例中用红色和蓝色)。

2. 将每叠纸片一分为二。取一叠红色纸片,将其中的每个正方形剪成三角形。对蓝色纸片做同样处理。

3. 将纸片重新分成如下组:

八个红色三角形

八个蓝色三角形

八个红色正方形

八个蓝色正方形

4. 将上述每叠纸片一分为二。取一叠红色三角形纸片,将其中的每个三角形剪成一个较小的三角形(见图 4.4)。取一叠蓝色三角形做同样处理。

5. 取一叠红色正方形纸片,将其中的每个正方形剪成一个较小的正方形(见图 4.4)。取一叠蓝色正方形纸片做同样处理。

6. 将纸片重新分成以下组:

四个小的红三角形

四个大的红三角形

四个小的蓝三角形

四个大的蓝三角形

四个小的红正方形

四个大的红正方形

四个小的蓝正方形

四个大的蓝正方形

7. 将上述八叠纸片都一分为二。取一叠小的红三角形纸片,用记号笔在每个三角形的中心画一个圆点(见图 4.4)。分别取一叠大的红三角形、小的蓝三角形、大的蓝三角形、小的红正方形、大的红正方形、小的蓝正方形和大的蓝正方形,做同样处理(见图 4.4)。

8. 用记号笔在余下八叠纸片中的每张图形纸片的中心画两个圆点。

9. 如果操作全部无误,你应该有以下 16 叠图形纸片:

两个小的、红色的、一个圆点的正方形

两个小的、红色的、一个圆点的三角形

两个小的、蓝色的、两个圆点的正方形

两个小的、蓝色的、两个圆点的三角形

两个小的、蓝色的、一个圆点的正方形

两个小的、蓝色的、一个圆点的三角形

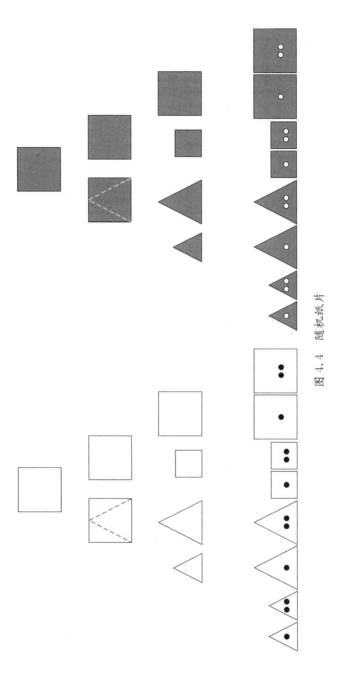

图 4. 4 随机纸片

两个小的、蓝色的、两个圆点的正方形

两个小的、红色的、两个圆点的三角形

两个大的、红色的、一个圆点的正方形

两个大的、红色的、一个圆点的三角形

两个大的、蓝色的、两个圆点的正方形

两个大的、蓝色的、两个圆点的三角形

两个大的、蓝色的、一个圆点的正方形

两个大的、蓝色的、一个圆点的三角形

两个大的、蓝色的、两个圆点的正方形

两个大的、红色的、两个圆点的三角形

将这些纸片放入一只盒子里摇匀。在学生首次进教室时发给他们。

现在教师有下列可选方法为全班分组：

分成 2 个 16 人组：

按形状（正方形/三角形）分组

按尺寸（大/小）分组

按颜色（红色/蓝色）分组

按圆点（一个/两个）分组

分成 4 个 8 人组：

按形状和尺寸分组

按形状和颜色分组

按形状和圆点分组

按尺寸和颜色分组

按尺寸和圆点分组

按颜色和圆点分组

分成 8 个 4 人组：

按形状、尺寸和颜色分组

按形状、尺寸和圆点分组

按尺寸、颜色和圆点分组

分成16个2人组：
按形状、尺寸、颜色和圆点分组

变化

增加第五个类别，例如画一个圆圈，将在半数圆点画在圆圈内，可以对64个学生分组。用第六个类别又可以加倍。

一些教师可能发现，把纸片制成纸板很有用，可以在不同班级重复使用。（一开始就用纸板要比把纸片制成纸板更容易一些。）然后，可以将折叠好的图形纸板保存在盒子里。当要求分组时，学生可以在走进教室时从盒子里取出一个图形纸板。

用3×5卡片分别写下用于分16人组、8人组和4人组的各种组合（对于同伴而言，只有一种组合），教师或指定的学生就可以为任一分组活动抽取分组组合程序。这一方法可用于额外分组变量，并将使学生可以与更多的同班同学一起学习。

当班级学生少于32人时，教师应成对去除图形纸片，从一点/两点图形纸片开始，接着是一点/两点大的和一点/两点小的等等。当班级中的学生总数为奇数时，某个2人组应为3人；要组成4人组时，则有一个、两个或三个组应为5名学生。（可能时，也可采用3人成组。）

破冰活动

目的

在开学第一周或者班级里的学生彼此还不熟悉时,破冰活动策略对于建立归属感很有用。

TARGET 结构

任务;认可;分组

适用年级和学科

本策略经改编可适用于几乎所有年级水平和学科领域。

步骤

押韵名字

在本活动中,学生围坐成一圈。开始,一个学生在自己的名字前面加上描述自己的形容词并说出来〔例如,快活的 Jim〕。其左边的学生重复一遍,然后也在自己的名字前面加上描述自己的形容词〔快活的 Jim,我是笨 Sally〕。如此继续下去,直到班上的每个人都重复了名字和形容词,并加上自己的名字和形容词〔快活的 Jim,笨 Sally,疲惫的 Tom,可爱的 Lora,敏感的 Pam 等等〕。教师应该要求学生不要记录名字,但是,如果学生轮到发言而在回忆某位同学的名字遇到困难时,那位同学可以提供前面的形容词作为回忆线索。

一分钟独白

教师在纸条上写上复数名词(每个学生至少一张),并把它们放到帽子里或者盒子里(例如:母牛、小鸡、飞机、甜点、汽车、雪花等等)。指定一个带有秒针或数字记秒手表的学生作为计时员。将帽子传给第一个学生，该生从中选一张字条。要求该生在 60 秒内讲一个有关自己和字条上复数名词的故事。

珍贵物品

教师向全班提出下列假设问题："如果你家失火了，而你只能救出一件物品，你会选择救什么？ 为什么？"转着圈依次进行，给每个学生时间陈述他或她的选择以及选择的理由。

生日圈

让学生站到教室的中央，告诉他们，任务是根据自己生日的月日站到按年月日顺序排列的圈中。要求他们在活动中不能讲话，但可以用手指交流他们出生的月和日。

在所有学生都站到他们认为应该在的位置之后，让学生依次说出自己的生日，并调整位置。

策略 4.8

大小伙伴

目的

本策略用于增强小学低年级和高年级学生的联系感和自主性。

TARGET 结构

任务;权力;认可;分组

适用年级和学科

本策略适用于小学低年级和高年级。

步骤

教师通过让小学低年级和高年级学生结对,可以建立起双方互利的学习伙伴。例如,幼儿园教师可以同四年级教师合作建立学生学习伙伴。与之相似,一年级班级可以与五年级班级合作,二年级可与六年级合作。当然,决定参与的教师也可以根据所在年级选用其他组合方法。一旦确定了合作的班级,两位教师就可以着手匹配学生。或者,教师可以允许高年级学生从低年级班级花名册中选择他们的小伙伴以增强他们的自主性。

对于幼儿园班级,教师可以通过读幼儿感兴趣的故事开始活动。读完故事之后,给学生一张大纸,指导他们将纸对折。然后,教师要求学生在左半页纸上画一幅画,讲述自己的故事,画中人物来自故事。接下来,匹配大、小伙伴,教师指定两个教室各一半大小伙伴对。

让幼儿园孩子向他们的大伙伴描述他们的故事,大伙伴在右半页纸上将故事写下来。完成后,大伙伴将记录的故事读给小伙伴听。此后,当学生回到自己的教室之后,幼儿园孩子将故事讲给老师听,或者在小组中交流。

对于一二年级学生,可以采用与之相似的活动。例如,低年级学生可以画出描述他们在感恩节或圣诞节所经历的故事,而不是画来自书本的故事,由他们的大伙伴转录写出故事。

变化

大小伙伴活动的组织不限于阅读和写作,还可以用于帮助低年级学生练习基本运算或拼写技能,或者给较大的学生展示艺术、科学或地理方面的技能和信息的机会。

来源:由小学教师 Jane Westmas 和 Linda Santy 提供。

热带雨林论坛

目的

本策略通过创办一份班级报纸建立起强烈的小组联系感、自主感和胜任感。本例展示了一个小小的班级项目是如何演化成为全国发行出版物的。

TARGET 结构

任务;权力;认可;分组

适用年级和学科

本策略经改编可适用于几乎所有年级水平和学科领域。

步骤

教师将会发现,创办一份班级报纸对于几乎任何学习单元来说都是一项丰产的项目。在本例中,几个六年级班级参与的是有关热带雨林的拓展单元(见图4.5)。

教师要求学生在以下四个工作小组中进行选择:娱乐、评论、新闻和特写。每个工作组由两名学生编辑、一名教师、家长和社区志愿者组成。一间六年级教室用于存放研究资料。

在整个项目执行过程中,教师都尽力帮助学生整合办报技巧和语言艺术与阅读课程。随着对雨林的了解,学生将故事的构思在公告栏中列出。他们还可以到当地报社和"社会历史中的雨林"展览会进行考察。

随着该单元学习的进行,各小组集思广益形成故事构想。然后,与编辑合作分派文章题目。将有写作困难的学生与擅长写的学生编在一组,

J. C. McKenna 中学的学生,自 1988 年以来一直坚持学习热带雨林知识。作为威斯康星州最早的学习小组成员,他们购买雨林,为后代保护雨林。该校的教师和学生创办了一份年报,刊登学生写的有关雨林和其他环境问题的文章。报纸叫热带雨林论坛,在全国发行。它因提供有关雨林问题以及人们怎样才能通过使学生项目和兴趣建立广泛联系以帮助改善环境的准确而可靠的信息而闻名。

　　《热带雨林论坛》是美国唯一一份学生编写的雨林出版物。最早的两期发行了 1600 份,行销至 43 个州、加拿大、澳大利亚和哥斯达黎加,订阅量在继续扩大。

　　《热带雨林论坛》使读者对雨林周围的环境有了更多的了解,许多人将学生报纸上介绍的构想用于自己的班级项目,联系议员,购买和保护雨林。报纸帮助人们在全球水平上了解环境问题,吸引学生成为雨林生态问题的积极参与者。

　　该项目的成功超过了预期。学生们的工作已经得到美国参议员、众议员、动物园园长、国家学校监督员和大学教授的认可。地球基金会、拯救雨林公司、雨林行动网络和生态系统生存计划都已给予《热带雨林论坛》鼓励和支持。拯救雨林公司邀请 McKenna 中学的学生利用《热带雨林论坛》帮助回复他们所收到的所有来自学生的邮件。宾夕法尼亚大学教授、哥斯达黎加国家生物多样性研究所主任〔Director of instituto Nacional de Biodiversidad (INBio)〕Danniel Janzen 博士,邀请该报向全美国的学生传播有关如何帮助他在哥斯达黎加的项目的信息。

　　按照 McKenna 中学教师的说法,当学生学习社会和环境问题时,需要一些资源以应用新知识,这份报纸是以这个前提为基础创办的。学生创办的报纸将学生们联结在一起,使之感到有力量。由此他们了解到,他们不是孤立无助的或者无望的——他们可以有所作为。《热带雨林论坛》是 J. C. McKenna 中学对于这种努力所作出的贡献。

　　订阅可邮寄 3 美元至:

《热带雨林论坛》

J. C. McKenn 中学

307S,第一街.

伊凡斯维尔,WI53536

图 4.5　有关热带雨林论坛的背景信息

或让他们选做插图和图表版面编排工作。

　　安排一整天专门用于雨林项目。学生不上其他课程,用一天时间聆听雨林专家和环境领导人讲话、写作、编辑,并将文章输入班里的计算机。学生采访志愿者顾问,为登到报纸上的文章获取资料。

　　在文章都写完之后,学生编辑在教师的帮助下决定采用哪些文章。他们也退回文章以便修改完善。编辑负责资金、编排版面和其他细致的工作。有争议的标题和标识设计等由全班表决决定。

　　该单元学习结束时,复印和发行最终产品。创刊报纸经由环境期刊和教师出版物推介销售备受欢迎,最终发送给各类人群和组织。项目自始至终鼓励学生自己决定内容与发行。

威斯康星州伊凡斯维尔的 McKenna 中学的学生为下一期《热带雨林论坛》工作

在下半年,他们创办了第二期报纸,以便更多的学生可以发表作品。现在,每年都由新的六年级学生重新创编两期报纸。

变化

主题和程序的变化是无穷的。关键在于确保学生相信他们在提供有价值的服务,他们在构想自己的作品而不是构思老师的作品。

来源:Harold Beedle,中学社会课教师。

五个正方形

目的

本策略通过要求每个个体为实现小组目标作出贡献来建立小组合作和联系感。

TARGET 结构

任务;分组;评价

适用年级和学科

本策略对于初中和高中年级尤其有用。

步骤

本策略要求用一小时准备时间制作成套的智力题(见图 4.6)。活动开始,将全班划分成五人小组。如果分组后剩下一两个学生,可让其与某一小组的成员合作。如果剩下三四个学生,可以让他们组成较小的组。

给每组一套包含五个信封的智力题,每个小组成员一个信封。告诉学生,在教师发出信号时,用信封中的纸片构造一个边长六英寸的正方形。小组成员之间可以传递纸片,直到拼好五个大小一样的正方形。所有参与者都要遵守下列三条规则:

1. 在拼完所有正方形之前,小组成员不可以讲话

2. 小组成员不可以以任何方式发出要某一特定纸片的信号

3. 个人可以向其他成员提供纸片

允许完成任务的小组安静地观看其他小组工作。根据学生的年龄,

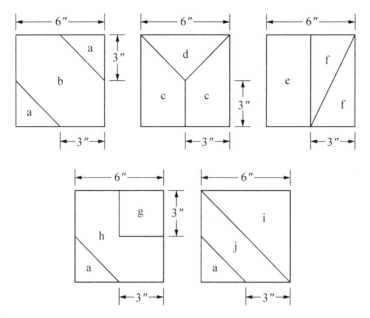

指导语：在五张硬纸板上画出上述图样。每一个五人小组需要一套五个图样。用铅笔照样轻轻写上字母从 a 到 j，将每个正方形剪成所设计的纸片。在五张信封上清楚地标上从 A 到 E，纸片的分配如下：

信封 A——j，h，e

信封 B——a，a，a，c

信封 C——a，j

信封 D——d，j

信封 E——g，b，f，c

最后，擦掉每张纸片上的小写字母，写上与信封上一样的字母，以便重新装回信封中重复使用。

图 4.6　五个正方形

来源：经允许改编自 Jones，V. & Jones，S.（1986）. Comprehensive classroom management（3rd ed.）. Boston：Allyn & Bacon, Inc.，p. 117.

如果小组成员完成任务有困难，他们可以举手向教师要求从完成任务的小组交换一个人。

当所有小组都完成任务之后，教师可以组织讨论促进和妨碍完成任务的行为。提醒学生在描述妨碍行为或帮助行为时不要提及当事人的名字。

变化

重新组合整套信封使之可以适用于少于五人的小组。

来源:经授权改编自 Jones，V. & Jones，L. (1990). *Comprehensive classroom management* (3rd ed.). Boston：Allyn and Bacon，Inc. p. 177，reproduced by permission of the publisher.

自信的、侵犯的或者被动的反应?

目的

本策略通过帮助学生更有效地同他人交流以增强学生的联系感和自主感。

TARGET 结构

权力;分组

适用年级和学科

本策略在初中和高中最有用。

步骤

本策略帮助学生区分侵犯的、自信的和被动的行为与交流方式。教师应该从解释这三种方式的不同开始活动。教师可以指出,以侵犯的方式交流的人通常清楚地表达感受,但为了要尽力满足自己的需要,他们常常压制他人或者引出一种防御的或反对的反应。以被动的方式交流的人通常屈服以避免冲突,并且经常表达自己不情愿的真实感受。然而,自信的交流通常是真诚而直接但不伤害他人的。下面的例子可以帮助学生认识这些差异:

放学后,一位朋友让你将几本书带回图书馆,但你不愿意。

侵犯的反应:没门。你总是叫我为你做事,只是因为你太懒。

被动的反应:噢,好吧。我还有其他必须要做的事,但是我想我可以找出时间替你做。

自信的反应：不，我不能帮你。我有其他我想现在就做的事情。

在讨论了这三种反应方式之后，教师出示图 4.7 所示十种情境列表，要求学生评定其中的每个反应，用加号（＋）代表侵犯的反应，零（0）表示自信的反应，减号（一）代表被动的反应。然后全班分成小组讨论他们的答案，对每个反应达成小组评定。可以全班讨论个人评定和小组评定的差异。学生也可能要讨论在每一情境中会作何感受。

情境 1

你有许多家庭作业，而妈妈叫你去做饭。
反应
　　为什么你不做饭？你没看到我有堆积如山的作业要做吗？
　　好的，妈妈。
　　今晚我有成堆的家庭作业，我不能帮你做饭，这样我就能完成作业了。

情境 2

在一次聚会上，几个朋友要你尝试毒品，但你不想尝试。
反应
　　好吧，就一次，不会有事。
　　你们都疯了！你们为什么要做这种事?!
　　不，谢谢。我的确不想尝试毒品。

情境 3

老师在为你的考试卷子评分时出了一个错误。
反应
　　这道题，你骗走了我十分。
　　在我的试卷上，我发现了一个批改错判。
　　什么也不做。

情境 4

你的女朋友知道你父母要出城，她想在你家举办一次聚会。你不想违背对父母的承诺，不在家里接待一帮人，但又不愿意让女朋友生你的气。当晚你不忙。
反应
　　表弟要从乡下来，我必须陪他。
　　你怎么能想到要这样做？如果被人发现怎么办？
　　我觉得这样做不对。我们还是去看电影吧。

情境 5

你的朋友要抄你的作业,而你认为抄作业不对。

反应

　　这次作业我是用功做的,想得满分。我不要冒被抓住的危险。

　　好,OK。请务必稍做改动。

　　这是欺骗。

情境 6

你愿意被提名为学生会的候选人。

反应

　　我认为我能胜任,我愿意被提名为学生会的候选人。

　　不要提名 Mark 为候选人,他是一个令人讨厌的人。

　　你盘算盘算,我希望有人选我作为候选人。

情境 7

你不愿与之同往的人邀请你去跳舞。她是第一个邀请你的人。

反应

　　对不起,我已经有约。

　　什么? 对不起,我很忙。

　　谢谢你的邀请,但我不想跳。

情境 8

父母要你去他们就读过的大学,但你宁愿去其他地方。

反应

　　我将会考虑你们说的话,但我必须做出我自己的决定。

　　你们总是要控制我的生活。不要再烦我!

　　你们是否确定那是最好的选择。

情境 9

你正在与女朋友说话,突然意识到若不马上离开上班将会迟到。她要继续与你谈话。

反应

　　我确实应该走了。

　　噢,不,你不能这样! 你会让我上班迟到的。

　　我知道你还有话要说,下班后我们再在一起。再见!

情境 10

你要注册家庭经济学,但有人叫着你的名字取笑你以试图劝阻你。他们认为善做家务对于一个男人来说并不是非常重要的。

反应

走开。我想怎么做就怎么做。

我要学习作厨师。将来的某一天,你们也许会为我所能做的事情感到吃惊。

不注册该课。

图 4.7　自信的、侵犯的或者被动的反应

来自 *Challenges: A Young Man's Journal for Self-awareness and Personal Planning*, by M. Bingham, J. Edmondson, & S. Stryker, 1994. Copyright Girls Incorporated of Greater Santa Barbara. Reprinted with permission of Advocacy Press, P. O. Box 236, Santa Barbara, CA 93102. Not to be duplicated in any other form.

变化

可以组织全班就每一情境进行角色扮演,学生分别扮演侵犯的、被动的或自信的角色。他们还可能要戏剧化地表现作为这三种反应方式的接受者时会作何感受。

来源:由高中教师 Jerry Basler 改编。

橡皮糖塔

目的

本策略通过让学生发现不同的领导方式如何影响小组满意度和表现,帮助建立对于小组联系感。

TARGET 结构

任务;权力;认可;分组;评价

适用年级和学科

本策略对于小学高年级、初中和高中学生很有用。

步骤

本活动向学生提供一个机会,去体验和比较权威型、民主型和放任型领导方式的结果。教师向全班宣布要建造橡皮糖塔。将全班分成六个组,分别用一到六六个数字命名。每组学生推选一人作为小组的领导。当各组围成一圈(为开展活动,他们可能要利用地板或者大桌子),教师召集六个组的领导到教室的一角开会。教师给每个领导一张民主型、权威型或者放任型领导指导卡(见下)。要求他们仔细阅读指导语,不要给任何人看卡上内容。在活动开始前,教师应当将下列每一领导类型的指导语写到3×5卡片上,制成两套每套六张包含各种领导类型指导语的卡片:

民主型——你的任务是展现民主型领导,但不要让你的小组成员知道你在做什么。你应鼓励每个人参与到项目之中。当有人提出建议时,你应该尽可能在小组的每个成员都同意之后再采纳和实施该建议。作为民主型领导,你要确保所有小组成员都相信,在造塔的过程中他们有同样的发言权。

权威型——你的任务是在筑塔期间像一个友善的独裁者一样发号施令,但不要让你的小组成员知道你在做什么。其他人也许会提出建议,你应确保只采用你自己的想法。在筑塔期间你发号施令,命令他们应该做什么。控制项目,建造你所设想的塔,但不要太过份。

放任型——你的任务是展现百事不管领导类型,但不要让你的小组成员知道你在做什么。让小组中的每个人想做什么就做什么,不提供任何有关塔应该怎样造的想法和建议。

在领导们理解了他们的指导语之后,应该让他们将指导卡放好,回到组中。然后,教师向全班宣布,每个小组的任务是用所给材料建造最好的塔。各组有 30 分钟时间来完成建造,要求负责人(负责人副手、秘书、管理员等)根据高度、强度和创意对塔进行判断,并且要求各类别均为规定重量。

给每个组一大包橡皮糖,一盒牙签,一盒 20 支饮料麦管,用来建造塔。鼓励班级成员在项目完成之前不要吃橡皮糖。

30 分钟之后,要求每个小组将他们的塔放到教室前面,然后回到座位上,完成下列问卷:

_____小组编号

请按 1 到 5(1 表示低,5 表示高)的等级进行评价:

_____1. 对你的小组领导满意

_____2. 对你们组的塔满意

_____3. 对你为小组的塔所作出的贡献满意

在学生完成问卷时,将表 4.1 抄到黑板上。邀请裁判按 1 到 5 的等第(1 低、5 高)评价每座塔,完成表的第一部分。

邀请志愿者收集问卷,计算出每个组三项陈述等第的均值。然后由他们将这些分数记入表的第二部分。

接下来,教师让各组领导读出他们的领导方式指导语,教师将相应的领导方式填入表中的第三部分。

在填完表之后,教师以下列问题引导有关这次活动的讨论:

1. 你认为领导方式与裁判评定的等级之间有关系吗?

2. 个人的贡献与裁判评定的等级之间有怎样的关系?

3. 领导方式与个人的贡献有关系吗?在什么领导方式之下参与性最强?在哪种领导方式之下参与性最差?

4. 个人对于小组作品的满意度与裁判评定的等级之间有关系吗?

5. 你认为对于小组领导的满意度和对于领导方式的满意度之间是什么关系?

6. 除了小组合作、创新和领导类型,你从这项活动中还得出了什么其他结论?

变化

教师可以选择给等第最高的塔奖赏。如果这样做,则讨论这一竞争维度是如何影响学生的参与度或者小组作品的质量的。

表 4.1　橡皮糖塔评价表

组	外观评价			小组满意度			领导方式
	高度	强度	创新	领导	塔	贡献	
1							
2							
3							
4							
5							
6							

根据学生的年龄,可以采用附加或替代建筑材料。

来源:改编自 Jane Conover,高中艺术教师;Pfeiffer 和 Jones(1974)。

小组的幻灯片

目的

本策略鼓励在阅读充实活动中的创造性,从而建立小组合作和小组联系感。

TARGET 结构

任务;权力;认可;分组

适用年级和学科

本策略经改编可适用于几乎所有年级水平和学科领域。

步骤

将全班分成四人到六人小组。告诉各组,本活动给他们机会编写并制作他们自己创作的幻灯故事。活动一开始,请各组选择一位记录员并集思广益构思故事。鼓励他们仔细讨论每一个构思,然后表决小组将采用的构思。在讨论故事构思时,要求他们决定故事题目、背景、人物的数量、情节和事件顺序。

一旦各组就故事大纲达成一致,鼓励他们分配下列工作任务:

1. 摄影师(应该有机会使用廉价 35 毫米相机)

2. 讲解员(应该有机会使用廉价磁带录音机)

3. 美工(应该喜欢绘画,需要两位或三位)

4. 字幕制作员(应该擅长书写印刷字体)

5. 角色(与讲解员一起录制适当的对话)

教师应向每组的美工和字幕员提供足够的 24 英寸×36 英寸的白色美工纸和彩色毡制粗头记号笔。一旦各组形成了他们的故事构想,他们应该决定画面的数目、组合和顺序,以及讲故事所要求的标题。他们可能要用一张美工纸,上面带有为每张画面印好的标题、手绘插图或取自杂志的图片。既然 35 毫米彩色幻灯电影通常转过 24 张软片,各组应将幻灯片限定在 24 帧。

摄像负责拍摄美工纸上的画面,并使所有的拍摄相互平行。无论谁负责拍摄,告诉他拍摄好的幻灯影片不要再添加或剪切,这很重要。

讲解员负责将录音与影片合成。他或她可能朗读故事片断,然后录制与每一画面相一致的故事人物之间适当的对话。可以用钟或遥控器提示放映员推换画面。

在活动完成时,每个组可以向全班放映他们的影片。小组成员也可以轮流将影片带回家与父母和朋友分享。

美工纸、胶片以及制作的花费是昂贵的,因此教师要拓展思路,为本活动寻找资金来源。学生或家长/教师组织经常会捐献资金或物资,或者提供可用的账户。

变化

初次引入这一策略时,较小的学生可能难以创编他们自己的故事。在此采用书上的或采用他们熟悉的故事制作影片也许比较容易一些。也可以将特定事件或者节日用于生成故事构思。

如果预算有限,分大组或者制作班级幻灯片可以节省开支。

来源:由小学教师 Julie Brandt 提供。

风车

目的

  本策略提供一个支持小组相互联系的、有结构的活动,利用全班所有成员的努力帮助每个学生达成教学目标。培育每个参与者的归属感和联系感,建立起积极的互相依赖的关系和个人责任感。

TARGET 结构

  任务;分组

适用年级和学科

  本策略经改编可适用于几乎所有年级水平和学科领域。

步骤

  将全班分成组数为偶数的三人、四人或五人小组。如果班级的学生数为奇数,教师可以参加一个组以凑成偶数。为了建成风车,让一个组(假设每组有四名学生)到教室的前面背对背站好,每人面对不同方向:东、南、西和北。要求学生肩膀刚好不碰肩膀地站好。要求第二组的四个人围绕第一组围成一个圈,每人面对第一组的一个成员(见图 4.8)。按照同样的步骤摆好其他风车。有些风车可以由两个、三个或五个学生组成,以确保所有学生都有机会参与。

  例如,为将这一程序用于拼写,给每个学生一张 3×5 卡片,上面有取自该周生词表的三四个单词。如果有几个词汇重复没有关系,只要所有词汇在每个风车至少出现一次。

  为了让风车转起来,内圈的学生向外圈的伙伴读出卡片上的第一个

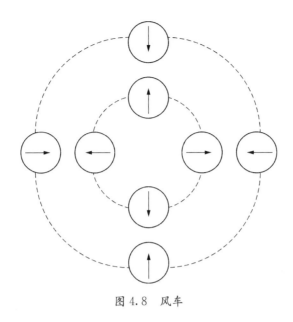

图 4.8　风车

词,要求其伙伴正确拼出该词。读词者订正拼写错误,并尝试提出正确拼写该词的记忆建议或策略,例如:“i 在 e 前、c 后”。在内圈学生完成对于外圈同伴拼写单词的帮助之后,外圈学生用手中卡片上的单词与内圈学生一起重复这一过程。

当第一轮结束时,教师向外圈学生发出信号,让他们向左转过一个同学。现在每个学生都面对一个新伙伴,重复学习和复习拼写单词过程。当这轮完成之后,外圈学生再向左转过一个同学,再次重复该过程。风车转完一圈后,学生面对的是最初的伙伴,让内圈学生与其伙伴交换手中的卡片。然后,教师再次让风车转动,每次一个学生,直到每个风车中的所有学生都有机会学习和帮助他人学完每人手中 3×5 卡片上的所有单词。

提醒学生在帮助风车同伴学习单词时用六分音量是恰当的。你还可以组织讨论社会技能,以及鼓励在帮助他人学习新技能中的重要性。

变化

风车策略可以用作学习策略,用于几乎任何要求学生获取大量事实信息的内容领域。也可用于头脑风暴活动,让学生与风车同伴一起形成想法和解决问题的方法。

为了生成更多运动和风车效应,外圈学生可以转完一两圈后再停到新伙伴面前。还可以让内圈学生代替外圈学生向相反方向转。

来源:由五年级教师 Margaret Hohner 改编。

信息大师

目的

本策略通过有趣的合作学习活动建立小组联系感。

TARGET 结构

任务;分组

适用年级和学科

本策略经改编可适用于几乎所有初中和高中的学科领域。

步骤

在进行本活动之前,让学生先接触一些在学校学习资料中心可以看到的参考资源。你也许可以安排学校图书管理员到班里讨论参考书的种类和使用,如《美国人物传记辞典》、《世界年鉴》、《自然界视觉指南》等等。

在学生了解了学习资料中心可以找到的参考资源之后,将他们划分成由三人或四人组成的小组。要求他们一起查找一些"搜寻难题答问比赛(Trivia hunt)"问题的答案,这些问题是教师事先准备好的。应该鼓励学生一起工作,在可以得到的参考资料中寻找这些问题的答案。

当各组确定了答案,并就这些难题答案达成一致之后,可以向他们提出挑战,通读参考资料后要提出可用于其他"搜寻难题答问比赛"的四个问题。教学生将问题打到 3×5 卡片上。鼓励学生为自己的小组起名字,并将组名写到问题卡的顶部。组名如"残暴的难题组:Steve、Sally 和 Sue"、"花絮挖掘者组:Brenda、Jim 和 Greg",从而为本活动建立起小组的身份。各组应该在另一张卡片上写上问题的答案,以及每一答案所在参考书的书名和页码。

接下来,全班讨论各组原始难题的答案以及他们用于发现答案的资源。在第二天或者再次使用本策略时,教师随机将每个组的问题卡分配给其他组。然后各组限定时间寻找答案。为避免几个组同时要用同一本参考书,各组可以在选择错开的时间中搜索答案。然后各组纪录找到答案所用的时间,并且可在全班讨论结果和他们搜寻答案所遇到的困难。教师会发现,将这些问题留作未来班级使用很有用。

变化

通过让学生只采用与科学、地理或文学有关的问题或参考资料,本策略可以适用于专业课程。还可以鼓励学生将问题设计到游戏如"智力抢答(Jeopardy)"或"学院杯超级竞赛"之中。各组之间可以开展对抗赛,并在参考资料中寻找答案。

来源:Anna Moss,图书馆传媒专家。

多元文化节庆活动

目的

　　本策略通过运用学生个人和小组为实现班级目标作出贡献的方法,增强小组联系感和归属感。它还激发学生参与学习和享受学习的积极性。

TARGET 结构

　　任务;认可;分组

适用年级和学科

　　本策略最适合于小学和初中。

步骤

　　在 12 月,对本班、本校或周边社区进行一次调查,调查有多少不同的种族或宗教群体。然后,请全班参与一个研究项目,了解对这些民族或宗教群体来说哪日或者哪几日是最重要的。对于基督教徒,特殊的日子可能是圣诞节或者复活节。对于犹太教徒,也许是修殿节或者逾越节。对于土著美国人来说,可能是绿蜀节、收获节或波窝节庆典。对于穆斯林,可能是斋月。对于越南人,可能是奥新军团节或者越南春节等等。

　　接下来,将全班划分为五六个小组,每个小组分配一个调查所确定的种族或宗教。他们的任务是研究相应的种族或者宗教群体是如何庆祝他们的特殊日子的。最好让学生自己选择群族,拥有第一手信息或知识的学生优先。有必要将学生选择和随机指定相结合,以确保所有种族或宗教群体都得到同等代表。

如果社区或学校拥有多于五个或六个种族或宗教群体，你可以让每组人数少一点，或按群体大小优先设组。如果社区中不同群体数目较少，你可以按州或国家选区优先设组。

在班级布告栏上或墙上为每个组留出相同面积的区域。告诉各组，他们的任务是用图片、绘画、制型纸板装饰品或其他材料装饰他们的空间，以展示他们所调查的相应群体在其特殊日子的庆祝活动。你要鼓励各组用足整个空间，从地板到天花板，用创意和色彩进行装饰。你可以让各组在课前或课后，或其他业余时间进行他们的装饰。

在各组研究他们的种族或宗教群体时，学校图书管理员是主要的资源。小组成员也可以就该群体如何庆祝特殊日子采访其他班级的学生或社区里的成年人。

在所有的装饰都完成后，每个小组可以就他们的装饰以及调查研究的收获向全班作一简要报告。

你能登顶吗？

目的

本策略通过使每个参与者为实现小组目标而作出必要贡献,培育小组联系感。它还向学生提供经历感受控制与自主的机会,激发学生对于阅读的兴趣和乐趣。

TARGET 结构

任务;权力;认可;分组

适用年级和学科

本策略用于三年级,但经改编可适用于几乎所有年级水平和学科领域。

步骤

在阅读了选文"你能登顶吗?"(《关系》,麦克米伦阅读计划,水平 8,第二单元),描述一个广播剧之后,问学生是否想表演出来。有些学生会跃跃欲试,而其他学生则可能犹豫不决。于是成立各种团体,对脚本原稿进行改编,让每个学生都参与到该剧本创作之中,这样可将个人风险减少到最低。启动组织演出计划,鼓励想要扮演某一特定角色的学生试演该角色。然后全班以无记名投票方式选出他们认为最适合扮演每个角色的同学。对于选举结果,有的学生开心,有的学生失望。不过该剧允许在剧本中添加其他演员。该剧是有关一群年轻人参加由当地广播电台发起的、看谁能讲出最好笑话竞赛的故事。这允许学生创作他们自己的人物,写他们自己的台词(最喜欢的笑话),使之成为竞赛即班级剧目的组成部分。这组学生与被选作播音员的学生合作工作,为最终的演出协调他们的角色。

其他同学有机会做"幕后"工作。服装委员会将忙于从家中衣橱和地下室中翻找衣服或者自己设计服装,向男女演员提出建议。道具委员会除了设计和准备道具之外,还寻找或设置必要的话筒,设计鼓掌欢呼信号。其他人可能更喜欢负责化妆和发型。

学生可以选择记住台词还是采用提词卡。一旦着手排练,学生可以轮流坐在导演位置上提出建议,如"我听不见,请大声一点。"或者"你说得太快,请慢一点。"随着同学们的情绪越来越高涨,学生可能会问,他们是否可以请父母、家人和朋友来观看。于是再次成立新的委员会负责发放请柬和筹划茶点。

进行彩排后,紧接着向其他班级表演,最后对邀请来的客人演出。学生们由于亲身参与,新的感受和情感油然而生,同时也获得了最好的认可和热议。要让学生知道,出错并不重要,目的只是一起娱乐,这才是最重要的。家长喜爱这样的演出,随着学生扫起最后一点甜点碎屑,他们可能会显得筋疲力尽但又沉浸在难以估量的自豪之中。

变化

可以很容易地将其他故事改编套用这一格式。

来源:Linda R. Johnson, Jeanne St. Marie 和 Debbi Oswalt,小学教师。

陷入困境

目的

本策略用于建立小组联系感,使所有学生学会在面对一个真实的问题解决情境时进行决策的技能。

TARGET 结构

任务;权力;分组

适用年级和学科

本策略尤其适用于初中和高中。

步骤

以向全班读图 4.9 所示的陷入困境问题开始本活动。要求每个学生从所列出的 30 件物品中选出自己认为对于逃生最重要的 15 件。然后,指导学生对自己的选择排序。接下来,将全班划分成由四到六人组成的小组,要求小组成员讨论他们的选择,尽可能就自己小组认为对逃生最为重要的 15 件物品达成一致意见。向全班解释,"一致意见"并不仅仅意味着表决通过,或者必须全体一致同意,而是意味着小组要尽力提出所有成员都满意的一张表。这就要求小组成员要讨论每一件物品,考虑它相对于其他物品的利与弊,并且小组成员之间要相互妥协。为此,有必要与学生重温下列指导语:

1. 学生应该尽可能清楚地指出每一个选择的利弊,而避免争论各自的决定。

2. 当讨论陷入僵局时,不要坚持某人必须赢,而某人必须输。要寻找七月,度假中。你和全家开着小吨位野营车,行驶在缅因州西部的旷野上。在茫茫的暴风骤雨中,你转错方向,开到无标志的伐木工人走的路上。驱车越过迷宫般的林间道路开到旷野时,你已经徘徊了 150 多英里。汽油已经用尽,你、你的父母、十岁的妹妹、六岁的弟弟,还有名叫 Charity 的家猫,迷路了。

在召开了家庭会议后,你们认为大家分散开是不明智的,而决定大家一起往回走。如果以你们的步速,你相当有把握一天大约走 15 英里。由于燃料短缺,该地区没有直升机或吉普车巡逻,你看不到其他车辆或住宅。

一家人身着轻便夏装,脚登胶底运动鞋。夜间气温降至不足华氏 40 度。当时还是昆虫肆虐季节。环顾四周,你从野营车上取出下列物品,其中有些是有用的。

——渔具	——500 美元旅行者支票
——44 马格南手枪和子弹	——4 个聚酯纤维睡袋
——火柴	——牛排(3 磅)
——果汁软糖(4 袋)	——驱虫剂
——步话机	——缅因州道路地图
——5 加仑水壶	——即食早餐(3 盒)
——住宅和汽车钥匙	——香烟(2 盒)
——科尔曼 2 灯头炉子	——家用帐篷(10 磅)
——毒蛇咬伤急救箱	——闹钟
——5 罐肝肾猫粮	——花生酱一桶(5 磅装)
——游泳衣	——10 磅奶酪片
——半导体收音机	——6 英尺帐篷支柱
——鞘刀	——每人一件羊毛毛衣
——救生船桨	——可充气橡皮船(2 只,20 磅)
——6 本平装本书籍	——急救药箱

图 4.9　陷入困境:问题单

所有人都能接受的其他方案。

3. 不要为避免冲突和达成一致而简单地放弃你的想法。只服从有客观和良好逻辑基础的立场。

4. 要避免简单地采用折中方案,如少数服从多数原则或掷硬币决定。

5. 有不同观点是自然的,在意料之中。不同意见提供大范围的信息和观点,有助于进行决策。

在各组达成完全一致之后,将下列答案发给各组(顶头复印会节省纸)。然后学生合计他们的排序和答案所提供的排序之间的差异。例如,如果某人将一件物品排在第 2,而答案是第 8,差就是 6。而差值之和就是该生的总分。用同样的方法确定每个组的分数。分数越低,就越接近选取正确的逃生物品。

在学生和小组汇总完分数之后,组织讨论学生从本活动中学到了什么。找出有多少学生最初的排序分数低于他们小组的分数(通常小组的排序分数低于组内大多数个人的排序分数)。讨论达成小组一致同意的过程,和各组所经历的困难。要求学生反思从这一经历中学到了什么。

答案

排序

1. **驱虫剂**——在初夏,缅因州的昆虫凶猛得简直会使人发疯,或者叮咬得如此严重,以至于眼睛肿大而睁不开。

2. **四个睡袋**——因为人体内所存贮的脂肪能使人存活 30 天,充分休息和保暖为生存之必要条件。

3. **一桶花生酱**——每一大调羹花生酱含 100 卡热量,并且蛋白质高。

4. **10 磅奶酪片**——提供钙、脂肪,并且是一种容易消化的蛋白质。

5. **牛排**——一种良好的士气振奋剂,但容易腐烂。由于它主要是蛋白质,应该迅速吃掉。

6. **半导体收音机**——它重量轻,是士气振奋器。还提供天气预报或可能搜索的信息。

7. **肾—肝猫粮**——一种有些倒胃口而有价值的蛋白质和脂肪。蛋白质比任何其他食物都能持续提供能量。

8. **火柴**——火对烘干湿衣服、鼓舞士气、用作信号和避免严重低温是必要的。它还可用于驱散动物。

9. **十磅帐篷**——可用作保持温暖和干燥或遮挡昆虫之所。

10. **鞘刀**——对准备任何捕捉来的动物像青蛙,或者切割绳子、切割奶酪、杆子等是有用的。

11. **渔具**——可提供补充食物来源。钓线还可用于捆绑补给品等。

12. **羊毛线衣**——提供轻便的保暖,不管是湿或干。

13. **急救药箱**——对于小的伤害也许有用。

14. **即食早餐**——一种轻便的维生素和蛋白质来源。

15. **地图**——一张行车地图对于察看主要的地面标志物如湖泊来说

可能是有用的。

不选取的物品

16. **果汁软糖**——不是必需品,但是一种可选的士气助推剂。

17. **住宅钥匙**——轻便,但对于逃生没有用。

18. **旅行者支票**——对于走出森林而言不是必需品。

19. **闹钟**——对于逃生不是必需品。

20. **步话机**——仅对于短距离通讯有用。

21. **毒蛇咬伤急救箱**——缅因州没有毒蛇。

22. **平装本书籍**——太重而不实用。

23. **游泳衣**——不是必需品。

24. **橡皮船**——太重不便携带,不可能有用。

25. **桨**——没有船时没有用。

26. **科尔曼炉**——太重,可用木头生火代替。

27. **支柱**——可用刀削出支柱。

28. **44马格南枪**——对于狩猎太精密。对于小猎物而言口径太大。

29. **五加仑水壶**——在缅因州旷野中的水是可以饮用的。

30. **香烟**——有害健康。是戒烟的好时机。

变化

如果时间有限,让学生只排序五项。还可以开展这项活动但不排序。在这种情况下,简单地要求学生选出 15 个最重要的物品。然后,对包含在答案前 15 项中的物品加一分,而对不在内的扣一分,如此完成计分。

来源:由学校社会工作者 Jean Carroll 改编自:*Cowstails and Cobras by Karl Rohnke*,1977. Copyrighted by Project Adventure, Inc. P. O. Box 100,Hamilton MA. Reprinted with permission of the publisher.

班级照相簿

目的

本策略通过记录和回顾过去的班级事件建立起对小组同一性的积极感受。它还鼓励所有学生参与表达对这些事件的想法和观点。

TARGET 结构

任务;权力;认可;分组

适用年级和学科

本策略经改编可适用于几乎所有年级水平。

步骤

从班上招志愿者组成班级摄影队。依据志愿者的数量,在学年的每一、两个月,从摄影队中选择一位摄影师负责拍照。摄影队成员应该能够使用自己的照相机,经家长同意在执勤月份带照相机到学校,作为班级摄影师提供服务。教师可以决定提供一架小型廉价照相机,全年用作班级照相机。这样做将有助于控制照片的数量,避免每个摄影师都不得不冲洗半卷胶片的问题。对于年龄较小的学生,教师可以选择既提供照相机又亲自拍摄。

当班级参加特殊活动时,如参加集会、听客座嘉宾演讲、校外旅行考察、举办小组报告,或者全班认为有意义的其他活动,委派摄影师为每个事件拍摄一定数量的照片。当胶卷冲洗出来时,全班查看照片,选择他们认为最好的、应该放入班级照相簿的照片。委派两人或三人小组为每张照片编写解说词,将照片及其解说词汇集到班级照相簿中。为此可采用剪贴簿或者活页簿。塑料插入式或者迭片结构将有助于确保照相簿全年持续使用。

照相簿可以存放在班级的专用位置，在开放日或者家长—教师会议上与家长分享。还可以与其他班级分享，在讲故事时间介绍给低年级学生。

变化

可以编写包含文章和照片的班级报纸来代替照片簿。可将照片扫描到班报上，并印发给每个学生。

来源：由小学教师 Dana Thome 和 D. Katherine 提供。Jones 和 Jones(1990).

策略 4.20

超级方块

目的

　　本策略对于建立小组联系感和增强胜任感来说很有用。它使所有学生,不管能力如何,都为得出小组答案作出贡献。

TARGET 结构

　　任务;认可;分组

适用年级和学科

　　本策略经改编可适用于几乎所有年级水平和学科领域。

步骤

　　在完成了某特定单元的学习之后,回顾单元目标,复习学生应学会的词汇。为达此目的,学习指南是有用的。接下来,建立一张由 20 或 30个答案简短问题的列表,问题出自聚焦单元目标的学习指南中的材料。这些问题应与单元测验中所用题目相似,用来玩超级方块游戏。

　　为了玩这个游戏,首先将全班划分成四人或五人异质小组。你可以根据先前的测验分数划分小组,或者随机分组,或者采用与策略 4.6 中提出的方法相似的分组策略。每组选定一位小组发言人,但小组成员一起工作以使每一决策都达成完全一致的意见。

　　在纸片上分别写上 1 到小组数,将它们对折。把纸条放在手中摇动,让各组发言人分别选一张。纸条上的数目决定各组参加游戏的顺序。当被请到时,小组一致决定选择游戏板(见图 4.10)上的哪个数字。然后教师读准备好的列表中的一个问题,小组讨论该问题,达成一致同意的答案给小组发言人。如果该发言人给出了正确答案,则该组赢得所选方块。各组可以用不同颜色的记号笔在赢得的方块上的数字上打叉。答案不正确并不受罚,但保留所选方块。相应的问题则移到表的最后,以后再用。获胜组是最早得到水平向、垂直向或对角方向上连续三个方块的组。

9	16	2	29	13
20	1	25	8	28
7	23	10	17	12
15	26	19	3	30
4	11	6	24	21
22	14	27	18	5

图 4.10　超级方块

游戏板可以制成由薄片迭成的示图或者用高架投影仪放映的幻灯片。学生们喜欢玩这种游戏,它提供了极好的考前复习。

变化

可以鼓励学生自己编写用于游戏的问题。这些问题可以写在 3×5 卡片上,在玩游戏前一两天布置完成。然后,教师收齐卡片,用作问题库。

可以将小组所选数字写在纸条上,而不是大声报出来。如果问题得到正确回答,向全班读出该数字,奖励相应的方块。如果问题回答不正确,则下一组可以选择正确回答该问题,得到前一组所选而未知的方块。或者,他们可以选择他们自己的数字和一个新的问题。

来源:Patricia Kreil,小学教师。

第五章

增强学生自尊的策略

自尊被定义为欣赏自己的价值和重要性,带有对自己负责和对施与他人的行为负责的特性(Reasoner,1982)。自尊心强的学生更可能在生活中取得成功,因为他们清楚事情的轻重缓急和自己的目标。他们能够反思自己的目标和抱负,然后采取必要的措施以取得成功。因而,能够增强学生自尊的活动也将增强他们的内在学习动机,这话听起来似乎很有道理。

关于课堂内增强学生自尊的建议

1. **对所有学生给予高期待,并帮助他们实现**。学生的表现将会随着教师期待水平的高低而发生相应的变化。当教师相信学生时,学生就会相信自己。

2. **向所有学生提供充分的、积极的反馈信息**。反馈信息要描述学生的成就、技能或者社会行为,还应避免价值判断。

3. **对于规章、作业和学习活动的缘由或者目的,都要尽可能作出说明**。只要你关注活动的价值,你的学生就将在实现该价值时体验到个人满足感。

4. **了解每个学生的独特之处,并间或向他们提及**。

5. **重视学生的努力及其所完成的工作**。无论结果如何,努力学习必须得到赏识和强化。教师还必须使任务与学生的技能水平相匹配,以便他们通过努力能够取得成功。

6. 教师通过偶尔示范分析自己的错误和成功，帮助学生学会接受自己的错误和成功。通过自己讲述来示范你接纳错误或者肯定成绩，帮助学生欣赏自己的力量并理解自身的局限性。例如："看来我好像又加错了。下次我必须再细心一点。"或者"今天的课我感觉好极了。我努力准备了这堂课，每个人都达到了教学目标。"

7. 接受学生是有价值的个体，尽管你可能不得不抵制他们的某些行为。尽管在日常行为中有些学生经常会犯错，但是他们并不坏，也非不体谅别人或者不怀好意。区分学生做了些什么和学生是什么样的人这两个概念是很重要的。

8. 向每个完成任务和取得成绩的学生表示祝贺。"我们可以因灌木丛中有玫瑰扎人而抱怨，也可以为灌木丛中有玫瑰花而欣喜。"我们必须透过学生的错误行为去挖掘其中的闪光点。

9. 鼓励学生参照他们的目标和先前的成绩水平评价自己的行为。学生向着既定目标努力并取得进步之时，也是他们体验真正的成功之时。

10. 营造一种鼓励学生表达观点、愿意冒险、与众不同的心理安全的氛围。教师必须坚定不移地坚持以下观点：在课堂内，所有人的自尊和安全感都将得到保护。

三维自画像盒

目的

本活动的目的,在于通过鼓励学生认识自己的个人特征、信念和经历,并以三维图像形式来表现和分享,以此来强化其自尊。

TARGET 结构

任务;权力;认可

适用年级和学科

本策略经改编几乎适用于各个年级层次的艺术课。

步骤

由讨论学生之间的差异以及这些差异何以使人更有趣味开始本活动。接下来则要求他们设计表现班中同学间差异的三维肖像。

鼓励学生找一个或者做一个可以存放三维拼贴画的盒子,拼贴画能让他人洞悉作画者的个性。盒子可以采取各种形式(开着的、盖着的、半盖的等等),最小容积应为 12 英寸(长)×12 英寸(宽)×6 英寸(高)。最大则以教室门为限,以方便出入(这种说法将拓展学生的思路)。

鼓励学生使用任何他们喜欢的材料制作拼贴画。他们的主要任务是使观众能够理解作画者喜欢什么、不喜欢什么,他的爱好、经历、抱负、偶像、心目中的英雄人物等等。作画者在画中表达得越多,就会得到越多的理解。

告诉学生,对于该项目的评价将由教师和学生在该单元结束时私下进行。作品及设计要素在最后等第评定中占最大权重。(教师也许要准备一张评价核对表,在项目开始之前就发给学生。)教师要鼓励学生不要采取以下方式应付作业,即在项目结束的前夜再快速将杂志上的图片贴到盒子上。学生应该考虑用哪些材料来制作自画像,如照片、钥匙、CD封面、颜料、织物、金属丝、金属、塑料、粘土、"斯太沃"泡沫塑料、不会腐烂的动物或蔬菜,以及任何其他有纪念意义的物品。

给所有学生机会与班上其他人讨论他们最终的肖像画非常重要。讨论可以在小组中完成,或者允许班里的部分学生将作品盒混放在一起,而由作画者现场解释来完成讨论。

变化

教师可以用悬挂拼贴画或者广告板的方式代替盒子来展示自画像。

来源:Jane Conover,高中美术教师。

策略 5.2

丑小鸭

目的

本策略通过鼓励学生克服自己的弱点,增强自己的实力,建立自尊和胜任感。

TARGET 结构

任务;认可

适用年级和学科

本策略经改编几乎可适用于所有年级水平和学科领域。

步骤

对于小学生,教师应该通过在班上阅读汉斯·克里斯蒂安·安徒生(Hans Christian Anderson)的"丑小鸭"的故事的方式开始本活动。然后,教师应该让学生与全班同学分享他们做得好的活动。教师也许要帮助学生聚焦于他们自身不为人知的才能,而不是明显的学业、体育或者音乐才能。例如,学生经常照看弟妹,管理花园或植物,做饭或制作甜点,照顾宠物或者诸如此类的其他事情。在讨论过这些才能之后,让学生用展示自己这些才能的照片、画片或绘画制作一张拼贴画。可以把这些作品悬挂在班里与他人分享。

对于初中或中等学校的学生,教师可以通过阅读下列传记简述,让学生猜测所描述的人物,以引起他们的兴趣和好奇。

简述 1

在孩提时期,其他孩子都嘲笑我,因为我说话结巴,还严重口齿不清。在学校里,我不是很好的学生,我的分数经常是我们班最低的。我的父亲是有名的政治家和演说家,但大多数人都认为我没有足够的聪慧来达到我父亲那样的成功。我是谁?

答案:温斯顿·丘吉尔(Winston Churchill),第二次世界大战时期的英国首相,诺贝尔文学奖得主。

简述 2

在学校里,我一直是一个好学生,但是我经常因为初次做的事情不完美而发脾气。教师和朋友们叫我完美主义者。在我小的时候,有运动恶心问题。甚至骑竹马我都会恶心欲吐。青少年时期,我常常会因奇幻旅程(On carnival rides)或长途驱车旅行而呕吐。我是谁?

答案:克里斯塔·麦考利夫(Christa McAuliffe),从 10 000 名申请者中选出成为执行空间任务的第一位学校教师航天员。

简述 3

在学校里,教师们不喜欢我,因为他们认为我问的愚蠢问题太多了。有位教师认为,我思考问题的方式有问题。由于这个原因,妈妈带我离开了学校,在家里教我。我再也没有重返学校。我是谁?

答案:托马斯·爱迪生(Thomas Edison),第一台留声机、电灯泡和大量其他便利设施的发明者。

简述 4

当我还是个孩子的时候,父母认为我哪里出了问题,因为我直到六岁才学会说话。当人们问我问题时,我也要花很长时间才能回答。人们认为我古怪、不友好,不可能取得任何成功。我是谁?

答案:阿尔伯特·爱因斯坦(Albert Einstein),提出相对论、赢得诺贝尔奖的科学家和哲学家。

简述5

当我还是个孩子时,父母让我学习钢琴课,但我经常旷课,以便能和朋友打球。在一次演奏会上,曾因我是唯一一个不知道自己该演奏哪部分的学生而使家人尴尬。我是谁?

答案:艾灵顿公爵(Duke Ellington),著名爵士乐音乐家、乐队队长和作曲家。

简述6

我直到十岁才学会阅读,十二岁开始上学,学业总是落后。我数学尤其差,从未能很好地记住客观事实。我与同年级孩子相处有困难,大孩子会找茬与我打架。我是谁?

答案:伍德罗·威尔逊(Woodrow Wilson),第一次世界大战期间的美国总统。

根据课程和年级水平的不同,教师可以解释,尽管这些人在学校或者与他人相处时存在问题,但是成年后都取得了成功。接下来,教师问学生是否知道或者听说过其他有类似经历的人。教师还可以鼓励学生阅读有关这些著名人物早期生活的读物,并与全班学生分享自己的其他发现。

变化

在艺术课上,可以鼓励学生结合这些著名人物的早期经历和后来的生活作画或者制作拼贴画。既然人们是以一种独特的方式成长和学习的,学生可能要思考他们自己走向成功的独特道路。通过预先考虑前进道路上可能遇到的障碍,他们可以规划相应的克服方式。

来源:改编自 Suzanne Roush,小学教师;*Learning 88*,September poster。

赞美之词

目的

本策略能增强施予者和接受者的自尊。它还能通过注重班级成员之间的积极相互作用建立组内相互联系意识。

TARGET 结构

权力；认可

适用年级和学科

本策略最适合小学生，但也可以改编后用于初中。

步骤

为支持此项活动，要在公告栏或墙壁上辟出一块空间，作为本学年"赞美之词"活动的专用空间。（"赞美之词"是指学生观察到某位同学的积极行为或者助人行为后给予的积极陈述或评议，反义词是"指责之词"。）为帮助学生运用"赞美之词"活动，教师可在公告栏附近放一只小盒子，盒内装一些表格（见图 5.1），便于学生要赞美同学的好行为时取用。

应该鼓励学生的如下行为，即每当他们听到同学发表积极的言论，或者看到同学做好事时，就填写一张表格。匿名或者署名的"赞美之词"都是允许的。

教师在介绍这项活动时应该谨慎，以确保学生能理解恰当的"赞美之词"都包括哪些行为。这一活动不应该演变成普遍的竞赛。好的"赞美之词"应该提及具体的行为或者陈述。例如，一个恰当的"赞美之词"可能是："今天早上，你在避风处帮助一位一年级同学拉上大衣的拉链，

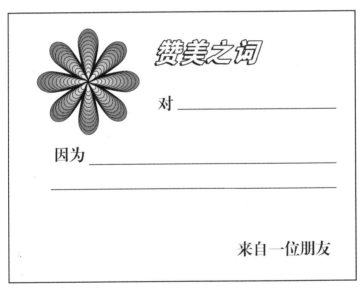

图 5.1 赞美之词

真好。"而一个不恰当的"赞美之词"则是笼统的陈述,如"谢谢你是一个好心人。"

变化

学生可以将"赞美之词"直接向被提及的同学呈现,而不是放到公告栏内。还可以将"赞美之词"放到专用盒子里以保证匿名,在该周的特定时间打开。

　　教师也可能要填写匿名"赞美之词",放到说出有积极陈述或者对他人积极行为的同事的邮箱中。

　　来源:Susan Kjelstrup,小学教师。

名字虫

目的

本策略通过帮助学生互相了解，以及将自己看作小组中独一无二的成员，建立自尊和联系感。

TARGET 结构

任务；认可；分组

适用年级和学科

本策略最适用于小学生和初中生。

步骤

在学年之初（或者任何组建新的学生小组之时），教师由组织讨论有关结交新朋友和认识周围的人的问题开始本活动。接下来，教师让学生考虑自己的兴趣和才能，以及愿意与同学分享的兴趣和才能。在讨论之后，发给学生每人一张画图纸（9 英寸×12 英寸和 12 英寸×18 英寸均可）。然后教师让学生在纸上做一个纵向折痕，在折痕上方约四分之一处用大的小写字母写上（不是打印上）自己的名字（见图 5.2）。

让纸保持对折状态，指导学生走到一扇窗户前，在折纸的另一边对称处映描出自己的名字。然后指导他们打开折纸，连接两个名字画出一只"名字虫"。（教师也许要用自己的名字演示这个过程。）

可以鼓励学生使用彩色铅笔、蜡笔或者魔幻记号笔，添加表示他们的爱好、兴趣和才能的细节（网球拍、音符、棒球、偏好的颜色等等）。还可以鼓励他们加上眼睛、腿、触角和尾巴，以显示其独特性，

图 5.2　名字虫

制作成一件有趣的艺术品。当做完虫后,学生可以用剪刀仔细地把它剪下来。

当所有的学生都做完他们的名字虫时,教师给每个学生安排一个伙伴,让他们讨论他们的名字虫。在相互交换信息后,每位学生都应向全班介绍自己的伙伴,分享他们已经了解的信息。当所有学生都轮过一遍时,可以将名字虫陈列到布告栏之中。用学生绘制了花园的彩色美术纸作为展示的背景。

变化

教师可以利用来自公告栏中昆虫上的信息帮助学生进一步互相了

解。他们可以向全班提出挑战："找出喜欢空手道的人"，或者"说出班上能演奏同一种乐器的三个人的名字"。

来源：Katy Grogan，初中教师。

生活经历线

目的

本活动通过增强学生对积极而有意义的过去生活经历的意识,帮助他们发展积极的自尊。

TARGET 结构

任务;权力;认可

适用年级和学科

本策略经改编可适用于几乎所有年级水平和学科领域。

步骤

教师可以首先让学生回忆过去对他们产生过积极体验的事件,由此引入本活动。要求每个班级成员尽可能多地写下能够回忆起来的这类事件,并列成一张表。鼓励学生写下从早年记忆开始,年复一年到现在所记起的事件。教师可以通过让学生关注有关运动、数学、阅读、艺术、音乐、干家务、夏天经历、帮父母或邻居做事、照顾小孩,或者家庭旅行和度假等方面的积极经历,向学生提供帮助。教师还可以让学生考虑那些曾让他们大笑、感到骄傲、取得成功或者做出重要决定的事情。在学生完成之后,让他们核查他们的列表,从中选出他们认为最重要的八件事。

视年级水平的不同,教师可以让小组用彩色美术纸和美术材料画出表示每一经历的 6 英寸×6 英寸图画。在完成绘画之后,他们可以按照年月顺序排列画作,然后在每张画的顶端打一个孔。接着,学生可以用八英尺长的线或细绳,将每幅画"穿"到上面,做成他们的个人生活经历线。（穿挂时，在每幅画的前后各打一个小结，以避免滑落。）

当生活经历线完成时，给每个学生机会向同伴、小组或全班描述他或她的积极的生活经历。然后学生可以把他们的生活经历线固定到教室的墙上。

年龄大些的学生也许更喜欢在一张彩色美术纸上画一条生活经历线，一端是生日，另一端是现在日期。他们可以将简笔画或者描述性陈述结合起来用于表现沿年月顺序编排的八个重要事件。然后他们可以与同伴或者在小组中分享自己的生活经历线。

变化

生活经历线所采用的事件数量，可以依教师或学生群体的偏好而变化。有些学生可能更喜欢从旧杂志上剪下代表他们的积极事件的图片而不是自己作画。

除去关注积极事件之外，教师可以鼓励学生确定他们生活中的任何有意义的或重要的事件。在这种情况下，因为这些事件可能包括离婚或者家庭成员的缺失，所以小组支持是重要的。

相似轮

目的

这个由两部分组成的活动,可以提高学生的自尊,在班级成员中建立组内联系感。

TARGET 结构

任务;认可

适用年级和学科

本策略在小学和初中尤其有用,但经改编可适用于几乎所有年级水平和学科领域。

步骤

在一张纸上画一个大圆,为每一个学生制作一个相似轮(见图 5.3)。然后在大圆的中间画一个直径为二英寸的小圆。接下来,画八条线,把大小圆之间的圆环等分成八份。最后,在新做成的轮中的每一格内写上半句陈述句,由学生用自己的有关信息将句子完成(图 5.3 提供了这些问题的一些例子。)

发放相似轮,让学生在所提供的空间完成每一个陈述句。鼓励他们对于每个问题的填写不要多于所提供空间的一半。当所有学生都填完后,要求他们在小圆中间的线上写上自己的名字。收齐相似轮,将本活动的第二部分留到第二天进行。

第二天,将相似轮发还给学生,让他们在班里寻找与自己的答案相同或者相似的人。当找到相匹配的答案时,每个人在对方的轮中的相同

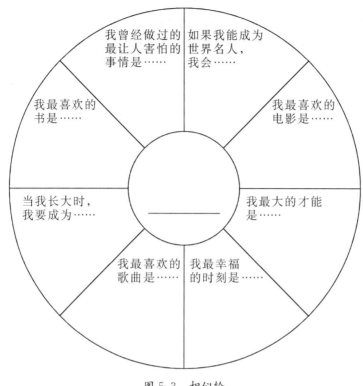

图 5.3　相似轮

的部分签上名。

　　当所有学生都有机会彼此检查过答案之后,让他们回到自己的座位上。在全班都做好准备后,让学生分享有很多人相同的、独一无二的或较少同学相同的问题答案。这些答案可以用于有关不同的人之间的相似性和独特性的讨论。

变化

　　本策略可以用作新的学习小组的破冰活动。此时,教师可能要在同一课时中完成活动的两个部分。

　　教师可以改变轮的每格中所问问题的类型,也可以采用帮助学生聚焦于他们生活中每月不同主题的问题。

　　来源:由小学教师 Linda Schoenbeck 提供。

我的"自述书"

目的

本策略鼓励学生自我表达,帮助他们发展对于个人同一性和唯一性的意识。

TARGET 结构

任务;权力;认可

适用年级和学科

本策略在小学最有用。

步骤

本策略鼓励每个学生制作一本"自述书",由可以说明每个儿童特性的重要事例的故事、图片和说明组成。可以用"我的自述书"作为书名,并将学生的照片放到封面上。书中每一页都要求学生思考并写出自己的某一特征或者某一方面。对于年龄较小的学生,可以记载他们对于聚焦某些话题的引导词组的答复和说明,引导词可以是我的父母、我的祖父母、我的兄弟姐妹、我的朋友、骄傲的我、害怕的我、快乐的我、我的邻居、我的爱好、我的音乐或者我的抱负。每一页都可以以一个词组开始,如"我的哥哥_____","当_____时我要疯了",或者"我最喜爱的歌曲是_____"。学生完成每一个句子,并用家庭照片、杂志上的图片或者自己绘制的图画加以说明。写好的书页由教师保存或者放到文件夹中,以便他们在活动结束时可以编辑成书的形式。

教师可以将这一项目延长至一周或两周,或者可以全年持续进行。

最终作品可以全班分享,然后由学生带回家与家人分享。

变化

可以改编引导词组以适应不同年龄的学生。鼓励年龄较大的学生编写关于引导词组的几个句子或者一个段落。有些教师也许要去掉引导词组,给学生最大的灵活性,将他们的《自述书》转变成包括最喜爱的诗、重要的生活经历、最喜爱的记忆或者其他表现学生的特殊经历的自传。

来源:由小学教师 Lori Pfeiffer 和 Sally VanBrocklin 提供。

策略 5.8

即可贴鼓励语

目的

本策略可以帮助建立积极的自尊和胜任感。

TARGET 结构

任务;认可;分组;评价

适用年级和学科

本策略可以用在初中英语课中,但经改编可适用于几乎所有年级水平和学科领域。

步骤

在向学生布置了任何写作作业之后,都可使用本策略。当要求创作短故事时,它尤其有价值。在所有学生都完成了写作作业后,将全班划分成由四人或五人组成的小组。发给每人一本即可贴便签和一支铅笔。指导学生向小组成员读自己的作文。鼓励小组成员在另一张纸上做笔记。在一个学生读完后,小组讨论其作文,有任何问题都可以向作者提出。接下来,每个学生在一张便签上就故事和构思写上两三个积极的和鼓励性短语或句子。然后,读故事的学生将其作文在小组中传阅一遍,每个小组成员将自己的鼓励便签贴到故事纸的背面。将故事放成一叠,直到所有组员都完成。然后将故事发还给作者,现在每人有了关于他们的故事的积极和鼓励性评语,可以在休闲时间阅读。

变化

在将作文返还给作者之前,教师可以将各组的所有故事收起来。这样教师就可以添加自己对于作者的反馈，以及就小组成员的反应发表意见。

来源：Rosemary Walsh，初中英语教师；Brenda O'Beirne，教育顾问。

诞生之日

目的

本策略通过给学生为自己感到骄傲的机会以支持自尊。它还可以帮助学生获得使用图书馆资源的技能和自信。

TARGET 结构

任务;认可

适用年级和学科

本策略对于初中和高中语言艺术课和英语课尤其有用。

步骤

本策略最好在班级访问拥有广泛微缩资料的当地图书馆、地区图书馆或州图书馆时采用。给学生的任务是搜索在他们出生的那一天所发生的重大事件。可以指定他们至少要搜索三种报纸上的信息——来自他们出生的镇或者城市的当地报纸(如果没有,他们可以用最近的大城市的报纸)、来自离他们的出生地最近的或最大的城市的报纸和纽约时报。

鼓励学生记下当他们来到世上时当地、州、国家、国际的问题和事件。他们还应该阅读这些报纸,以感觉当时的流行文化。当时的时装和发型是什么?物价如何?获胜的运动队是哪些?流行的电视或电影是什么?

在学生回到教室之后,可以鼓励他们编写并"出版"他们出生当天报纸的首页和社会版面。首页可以包括来自他们搜索到的先前出版的报纸的信息,这会让读者感觉回到从前。在社会版面上,他们可以在自己当前兴趣和才能的基础上,用第三人称编写有关他们自己的生活的"预言"。可以采用的形式如"Joe Jones,出生在一个寒冷的冬日,将来在大二的某一天他会成为战虎篮球队的首发中锋,每场比赛平均赢得 12 分并完成 13 个助攻";或者"当金发贝贝 Melissa 12 岁时,她将在消灭世界饥荒方面发挥作用……"学生可以加入描绘当时情景的卡通画,或者写给编辑的信("我以此感谢 Joe Jones 的父母有这样一位极棒的儿子……")。

变化

本策略可以只利用学校或当地图书馆的资源完成。还可以鼓励学生利用学校的计算机和桌面出版程序制作他们的"报纸"页面。这就能扫描儿时照片、出生证或脚印,使每份"报纸"都极具个性。

来源:Anna Moss,图书馆媒体中心主任。

性别透视

目的

本策略用于打破班级中隐含的性别和种族等级,增强所有学生的自尊。

TARGET 结构

任务;权力;认可

适用年级和学科

本策略经改编可适用于几乎所有年级水平和学科领域。

步骤

本策略最好在美国史单元中使用,或者作为学生搜索著名美国人的生活(生或卒),并表演那些人物的短剧独白。然而采用这一策略,要求学生准备两场演出,一场扮演女性,另一场扮演男性。

女生完成这项任务没有困难,但男生尤其是初中男生,在思想上转换性别角色会有些问题。他们可能会反对这项任务,发出贬低必须扮演女孩或女性的言论。因而,为了顺利完成这项活动,教师必须创造一种支持性的、但又严肃的氛围,这点很重要。本策略的开发者、旧金山的初中教师 Judy Logan 女士发现,当要求扮演两种角色时,她班里的男生接受了这项任务而没有任何质疑,虽然他们并不愿意自己主动选择扮演女性角色。

教师要鼓励全班创造性地、戏剧性地演出他们的独白,还应当鼓励他们运用戏装、音乐和道具帮助使演出戏剧化。教师应该拥有尽可能多的、学生可以得到的资源，以便学生在选择角色和计划演出时使用。要尽早与学校图书管理员或者媒体协调员制订计划，这有助于从校外资源中获得更多图书和资源。学生选择角色和设计表演时投入得精力越多，就越可能在独白时进入角色。

紧张地傻笑和放声大笑常常会在男生不习惯于扮演女性的演出中出现。教师要鼓励学生严肃对待角色而不是嘲弄他。提问有关角色的生活和经历的问题有助于减少一些紧张。为与父母和其他班级分享而制作演出录像，有助于形成更多深入思考的氛围。允许个人选择面对教师而不是在全班面前背诵独白可以支持学生的自主性。

在演出之后，教师可以组织讨论学生在经历扮演男性和女性角色时的感受。让学生从这一难得经历的视角谈论性别歧视、陈规陋习和偏见问题。

变化

这一活动可以用于非洲裔美国人历史课或者非洲裔美国人历史周期间。要求学生扮作著名的非洲裔男性和女性（过去的或现代的）表演戏剧独白。

来源：改编自 Judy Logan，初中教师，参见 Orenstein, P.（1994）. *School girls：Young women，self-esteem，and the confidence gap*. New York：Doubleday.

随机行善

目的

本策略通过鼓励学生思考善待他人和换位思考的重要性来建立自尊。

TARGET 结构

任务;权力;认可

适用年级和学科

本策略经改编可适用于几乎所有年级水平和学科领域。

步骤

图 5.4 提供了一张强调行善和考虑人际关系的重要性的著名语录表。复制表中那些适合学生的阅读和理解水平的语录。将你复制的表抄到黑板的顶部,或者抄到给所有学生的讲义上。本策略一开始,要求每个学生选择一条他们最喜欢并且传递了他们认为有重要价值信息的语录。在学生选好之后,让选择语录 1 的学生集中到教室的某个地方,选择语录 2 的到另一个地方,如此进行,直到按语录分好组。多于四人或五人的小组应当随机拆分。如果只有一个学生选择了某条语录,则应鼓励他或她做第二次选择。

要求每个组围成一圈,每个成员轮流发言,讨论所选语录对于他们意味着什么,他们为什么选择这一条语录。在所有成员都有机会发言之后,让小组进行头脑风暴,列出将语录所承载的理念转化成他们在班级中的实际行动的方式。应当鼓励学生关注能展示语录所给启示的尽可能

> "在世界上,减轻他人负担的人都是有用的。"
>
> ——查尔斯·狄更斯(Charies Dickens)
>
> "你帮人,人帮你。"——金科玉律
>
> "善意是消除生活中摩擦的润滑剂。"——匿名
>
> "你说话声音如此之大,我都听不清你说什么了。"
>
> ——拉尔夫·瓦尔多·爱默生(Ralph Waldo Emerson)
>
> "偶尔为之,善举无用。"——匿名
>
> "说好话,你就会听到好话的回声。"——亨利·乔治(Henry George Bahn)
>
> "一个好人生活中最好的部分是他那微小的、无名的、不被人记住的善行和爱为。"——威廉·华兹华斯(William Wordsworth)
>
> "你不会行善太快,因为你还完全没有意识到就已经太迟了。"
>
> ——拉尔夫·瓦索多·爱默生
>
> "善行是哑者可以说、聋人能够听到和理解的语言。"
>
> ——克利斯汀·奈斯特·博维(Christian Nestell Bovee)
>
> "给他人生活带来阳光的人不会让自己没有阳光。"
>
> ——詹姆斯·巴里爵士(Sir James Barrle)

图 5.4　可以引用的语录

详细的具体行为。在各组没有了新的想法后,他们应该讨论他们所列出的表,以使每个小组成员都理解展示语录所传达的善意的行为类型。然后,每个学生从小组所列表中选择一个自己可在未来一周之内实行的善行。

接下来,教师分别在纸条上写上每个同学的名字,让每个班级成员取一张纸条而不让其他人看到内容。在接下来的一周中,要求每个学生与其所选的同学一起做善事。应该鼓励学生在做善事时不要让他人意识到。在接下来的一周中,小组可以召集会议,讨论对做善行和接受善行的感受。

变化

根据小组成员的年龄水平,可以对所做的善事进行一些变化。学生可以与他们选择的同学一起做善事,或者可以要求他们在整个一周里与不同的同学一起做善事。做好善事之后的小组讨论,可以拓展为整个班级讨论做善事和接受善事的感受。学生还可以讨论人为的演练和可以更加真实地做什么善事。

性别之旅

目的

本策略通过促使所有学生增强对性别差异的敏感性来形成自尊。

TARGET 结构

任务;权力

适用年级和学科

本策略经改编可适用于几乎所有年级水平和学科领域。

步骤

本策略运用想象将学生带回从前时光,并以不同的参照框架体验他们的生活。告诉学生,他们要回到从前时光旅行一次。要求学生舒适地坐到自己的书桌旁。有些学生可能选择低着头闭着眼睛旅行。指导他们呼吸比平时深一点,在呼气时感觉自己会越来越放松。

当全班同学都平静下来,闭着眼睛安静地坐着时,要求他们忘记周围的一切,想象回到了早年的课堂。(本例用于六年级学生。)要求学生尽可能看到自己坐在五年级书桌前。鼓励他们记住教室看上去是什么样的,他们穿的是什么衣服,谁坐在旁边,谁是他们最好的朋友。给学生大约十秒钟在心中再现这个画面。

继续回到从前之旅,要求学生看见自己在三年级的时光。他们应想象他们的老师,她穿的是什么衣服。他们应该再次尽力看到,谁坐在旁边,谁是他们最好的朋友。几秒钟之后,要求学生看到三年级的自己放学回家。他们是如何回家的? 同谁在一起? 要求他们看到自己在家中自己的房间里。他们有什么玩具和书籍？房间的装饰怎么样？

再过十或二十秒之后,要求学生尽可能看见自己去幼儿园的第一天。他们看上去怎么样？穿着什么衣服？他们喜欢做什么？继续回到学前之旅。他们同谁在一起玩耍？最喜欢的玩具是什么？

将学生带回早期记忆之后,让他们尽力想象自己出生的那一天。想象父母脸上的兴奋。接下来,让学生想象每个人出生时为另一种性别。

对于这个建议,有的学生可能会倒吸一口凉气,或者做出负面评论,但教师坚持鼓励学生回到他们一直跟随的返回从前之旅。再将他们带回同样的情境,给他们时间以不同性别去看每一个场景。他们的教室或卧室看上去什么样？他们有什么玩具或者衣服？谁是最好的朋友？他们读什么书籍？

在给予全班返回现实之旅与返回从前之旅同样的时间之后,让全班同学慢慢睁开眼睛,回到自己的班级和原来的性别。尽管可能会有许多紧张的议论,还是要让学生先不要评论,拿出一张纸,列出生活中如果生为另一性别的所有不同(教师不收)。

最后就学生的列表组织全班讨论。在黑板上部写上男性和女性,或者写到纸上然后贴到墙上,可方便讨论。在学生讨论他们的列表的时候,教师可以在合适的栏目中记下他们的评论。在这个过程中,可以鼓励学生谈论他们在返回现实之旅中的生活有何不同。如果学生选择自己保存列表,允许他们拿回列表自己保存很重要。

两个表填好后,教师可以让学生判断他们对于异性感知的准确性。应该鼓励学生在指出他们的经历和他人的感知或假设之间的不一致时不要防卫。

鼓励学生仔细观察两个表,看看对于某一性别的评论是否比对另一性别有更多轻视。让学生讨论他们的观察结果的隐含之意,以及为保证在本校和本班平等对待两性能够做些什么。

变化

教师可以让学生以性别转换为题即兴写作或者布置写作文,以代替运用有引导的回忆。然而,这样的体验通常不会产生由引导回忆所产生的情感上的性别认同。

教师还可以结合对于 3000 多个 9 岁到 15 岁之间的男生和女生的态度和观点所进行的 AAUW 调查的一些结果(Orenstein，1994)。最为震撼的是他们在接近青春期时对于女生的自尊和对其能力的感知之间显示出戏剧性落差的数据。在 Orenstein 的调查和报告中所发现的种族差异尤其有趣：

> 在青春期期间保持完全自尊的非洲裔美国女生远多于白人或拉丁裔女生，她们还保持着较强的对于个人和家庭重要性的意识。在她们中报告"以我的方式生活是快乐的"的人数是其他种族的两倍，报告感觉到"在许多事情上是相当好的"人，几乎与白人男生一样的比率。(1994)

来源:改编自 Judy Logan，初中教师，参见 Orenstein, P. (1994). *School girls：Young women，self-esteem，and the confidence gap*. New York：Doubleday.

静默交流解决方案

目的

本策略通过鼓励学生非语言地交流解决问题的方法以建立自尊和胜任感。由于禁止说话,学生不必担心说些愚蠢或者尴尬的事情。

TARGET 结构

任务;权力;认可;分组

适用年级和学科

本策略经改编可适用于几乎所有年级水平和学科领域。

步骤

将全班划分为四人到六人小组。从下列问题情境中选择一个,要求每个小组成员尽力想出一个问题解决方案。当他们认为自己有了一个解决方案时,接下来的任务就是在小组前面用哑剧或动作表现他们的解决方案。当一个学生完成表演而组内其他成员都认可了该解决方案时,有不同解决方案的其他小组成员可以继续角色扮演。强调在整个解决方案演示过程中禁止讲话很重要。

应该给所有学生机会进行非言语演示解决方案。在每个人都有机会用动作表现一种解决方案后,各组选出最具创意的或者最新奇的解决方案在全班面前展示。

给所有学生在小组面前表演哑剧的机会很重要。为此,在所有小组成员都有机会参与之前,不应该给任何学生第二次机会。

问题情境:

1. 你和父母及一个朋友在一个主题公园。你和朋友离开第一辆游览车之后,发现找不到你的父母了。你对这种可能情况没有作任何预先准备,你们都没有记住车停在了哪里。而你父母拿着所有的游览车票。

2. 你与父母一起野营。父母在野营车中睡觉,你和弟弟睡在一顶帐篷中。半夜,你被帐篷外靠近你的头部附近的一阵抓挠声惊醒。

3. 你和一些朋友在你家附近的山上滑雪橇。你问一个朋友,是否可以滑一下他那又新又快的雪橇。你在滑下山坡时失去了控制,冲到一棵树上。你没有受伤,但是你朋友的雪橇的滑行装置摔坏了。

4. 你正在操场上与一个同班同学谈话,被一只雪球击中后脑勺。你转过身来,看到附近有一群另一班级的同学,但你说不出是哪个人扔的雪球。

5. 你在图书馆等着办手续借一本书,一个年龄、块头比你大的同学插到你前面。

6. 你在学校自助餐厅吃午餐时,两个小同学似乎很恼怒,开始互相推搡起来。

7. 你有一篇第二天该交的书面报告,但找不到纸簿或便笺纸。

8. 你和一个朋友正骑行在离家数英里的路上,你的后轮车胎突然爆裂。

9. 你搞混了一炉要烤制出售的甜点,意识到你没有要烤制甜点的清单。

10. 有朋友来访,当你们在观看租来的录像时,带子在中间断了。

变化

也许可以就学生正在学习的学科设计问题情境。例如,在社会课学习中,学生可以尽力解决一个刘易斯(Lewis)或者克拉克(Clark)在远征探险期间所面对的问题。或者在阅读课上,学生可以用哑剧表演所阅读的故事的不同结局。

策略 5.14

关心卡

目的

本策略通过让学生画一幅他们所关心事物的图画,并与班上其他同学分享,来增强自尊。

TARGET 结构

任务;权力;认可

适用年级和学科

本策略在小学各年级尤其有用。

步骤

给班里学生发放5×8的索引卡片,让他们画一幅他们非常关心的人或事物的图画。他们可以画对于他们来说重要的或者有意义的、并且愿意与全班同学分享的任何事物的图画。如果学生在画所关心的人或物时有困难,告诉他们可以画一个符号来表示。当学生画完后,将他们的卡片收上来,钉到布告栏上或者贴到浅色黑板的顶端,用来装饰教室。给每个学生向全班解释他们的卡片的机会。

当学生讨论所关心的事物时,要求他们说明表示关心的方式。例如,如果所关心的是宠物狗,让他们解释是如何向狗表示它是可爱的。他们可能要说明是多么频繁地表示关心。

学生们似乎喜爱这项简单的活动。他们发现,班里许多人关心着同样的事物(其中宠物似乎占压倒性优势),并且他们经常忘记表示关心。由于学生互相倾听和学会接受每个人认为重要的事物,本策略还可以形成归属感。

变化

  本策略可以有许多变化。可以用图画纸代替目录卡,而用完成的画作装饰教室的整面墙。学生还可以将他们的画作为有关他们所关心的人或事物的小故事的封面。在故事中,他们可以论及为什么关心该事物或人,如何向其表示关心。除去父母和宠物之外,还可以鼓励全班画出他们所关心的其他事物或者其他人。

常驻专家

目的

本策略帮助学生确认自己的能力。还可以提供一个列表,列出当大家在完成一项任务或者学习一项新技能遇到困难时,谁可以作为提供服务的资源。

TARGET 结构

权力;认可

适用年级和学科

本策略最适合于小学各年级。

步骤

要求学生确认两、三项他们擅长的、并且愿意帮助他人学会更加有效地使用的技能或任务。告诉学生,所列技能可以涉及他们所偏好的任一领域,可以包括像投掷橄榄球、击垒球、仰泳、写信、写出工整的印刷体、烘烤面包、熨烫衣服、分数加法、找最小公约数、越野滑雪、钓鱼、编织、修理自行车爆胎、应用计算机程序或者打装饰结。

教师将表格收上来,编制一张按字母顺序排列的技能领域表,将已确认自己是哪个领域专家的学生的名字填入相应的领域栏目。打印这份专家名录,复制并发给学生每人一张,并将一张名录放入班级的公告栏中。它就成为寻求帮助以提高某一领域技能的有价值的资源。

教师应向学生说明,尽管向其他同学寻求帮助并不总是容易的,但列专家名录的目的是向大家提供愿意在自己所选领域帮助别人的同学的名单。专家名录还有助于教师组织有关有效帮助者的特点的讨论。可以要求学生在黑板上列出这些特性，然后讨论他们在展示这些特性时会遇到的困难。讨论也可以集中于在接受帮助时说"谢谢你"的重要性，以及接受其他同学的谢意会作何感受。

确保所有学生都列入常驻专家名录中至少一个领域很重要。而且一学期更新一两次常驻专家名录也很有用，以便学生有机会为列表增加新的专长领域。

变化

可以将常驻专家列表与其他同年级或不同年级的班级分享。年龄较小的学生会发现向高一两年级的专家寻求帮助尤其有效。如果教师专门安排时间用于低年级学生向高年级学生专家请教咨询也许很有用。

来源：改编自 Jones 和 Jones（1990）。

名字和身体藏头诗

目的

本策略通过向学生提供机会给出和接受与他们的名字中的字母有关的积极陈述以培育自尊感,它还通过身体形象支持体型觉知。

TARGET 结构

任务;认可;分组

适用年级和学科

本策略适用于小学各年级。

步骤

藏头诗是一种向下读每行诗的首字母形成一个词或者短语的诗。本策略围绕每个学生的名字设计藏头诗。

将班级划分成三四人组成的小组。要求各组测量每个成员的身高,以英寸和英尺为单位(可以用公制单位)记录该值。要用到一大卷卖肉纸或者包装纸(与美术教师、校长或当地屠夫联系求得帮助而得到一卷),每个组从中取出长度为全组成员身高之和的纸,允许大约每人六英寸的交叠。

当各组测量完身高并取好纸后,让他们一起工作,在纸上勾画出每个小组成员的外部轮廓,图形之间允许约三英寸间距。最好每个人轮流躺在纸上,由其他人用铅笔勾画出其外部轮廓。当完成勾画后用黑色粘头记号笔加粗铅笔线条,然后学生用粘头记号笔在自己的身体轮廓图上,用大印刷体字母竖排写上自己的名字。

接下来,让各组分别围绕在每个同学的轮廓图周围,决定描述该学生的、以该学生名字的每个字母打头的积极陈述或特征。然后,由一位小组成员将词汇或词组像下列样例一样写到合适的位置上:

样例:

Kind(友好的)

Athletic(善于运动的)

Terrific friend(好朋友)

Is a good soccer player(是一个好的足球选手)

Easy to get along with(容易相处)

在以每个学生名字的字母打头写好这些特征后,将轮廓图从各组的纸上剪下来,学生为图上的头发、眼睛、衣服等着色,完成轮廓图。在绘完后,每个学生沿轮廓线剪出自己的身体图。在开放夜或家长-教师会上,将身体轮廓图放到每个学生的书桌上。也可以沿墙或者在过道内展示。

变化

依据组的大小和可安排时间的长短,当剪下每个人的轮廓图时可以用两倍大小的纸,然后用订书机将剪后两面沿边缘、从脚开始向上钉在一起。在接近躯干中间部位,学生应该停下来,开始用废报纸填塞。然后他们可以继续钉并填塞,直到做出立体的躯干。学生甚至可以从家里拿来衣服给他们的躯干穿上。在学校接待日期间,将躯干放到自己的书桌上,会给学生及其家长留下相当深的印象。

来源:Patricia Dzurick,幼儿教师。

策略 5.17

谁与我相像？

目的

本策略通过向学生提供了解与自己有相似兴趣的同班同学的机会形成自尊和联系感。

TARGET 结构

任务；分组

适用年级和学科

本策略经改编可适用于几乎所有年级水平和学科领域。

步骤

本活动对于互相不太了解的学生来说作为破冰活动尤其有用。一开始，向每个学生提供一张如图 5.5 的问卷和一支钢笔或者铅笔。让学生用几分钟完成工作单的 A 列。当填写完时，请他们在教室里找出班上有同样答案的同学。在找到后，他们应当将同学的名字写到表中相应的位置。将其他相匹配的同学的名字写入相应的空格。

对于所有或大多数项目，学生都找到了匹配的人之后，教师仔细检查每一项，在黑板上用一个频度表记录全班的结果。除了帮助学生确认与其他同班同学的相似和不同之外，活动的这一部分还可以用于教一些数学概念，包括加法、减法、分数、百分数、概率和绘制图形。

变化

教师可以改变图 5.5 中的问题以适合学生的年龄和兴趣。还可将工作单制作成特定内容领域的各个方面。例如，家政经济学教师可以专门设指导语:将每个问题的答案写到 A 列的空格中。接下来,找到班里与你有同样爱好的同学,并将他们的名字写到 B 列的空格中。

	A 列	B 列
1. 我最喜欢的家庭宠物	_____	_____
2. 我最喜欢的运动	_____	_____
3. 我最喜爱的学校课程	_____	_____
4. 除了匹萨之外我最喜欢的食物	_____	_____
5. 我最喜爱的颜色	_____	_____
6. 我生日的月份	_____	_____
7. 我喜欢的书籍种类	_____	_____
8. 我最喜欢的电视节目	_____	_____
9. 我最喜爱的音乐组合	_____	_____
10. 我最有乐趣的爱好	_____	_____
11. 我最喜欢的汽水	_____	_____
12. 我最喜欢的匹萨馅料	_____	_____
13. 我最喜爱的汉堡包	_____	_____
14. 我最喜爱的电影明星	_____	_____

图 5.5 谁与我相像?

置学生的食物偏好问题;地理教师可以设置个人或家庭旅行的问题;英语教师可以聚焦书籍、诗歌、杂志或者电影。

来源:Sue Guzinski,高中学习困难教师。

策略 5.18

通缉海报

目的

本策略通过鼓励学生确认和分享他们独特的贡献以提升学生的自尊和归属感。

TARGET 结构

任务；认可

适用年级和学科

本策略最适合于小学各年级。

步骤

由讨论使学生唯一而独特的个人特征类型开始本活动。学生可以识别身体特征像头发的颜色、肤色、胎记、雀斑、眼睛的颜色,或者可以识别个性如爱微笑、友善、喜欢帮助他人或喜欢做分数减法。

然后,让学生用毡毛马克笔、蜡笔或彩色铅笔,在一张 5×7 目录卡上画一张自画像。做一张与图 5.6 所示相似的 $8\frac{1}{2}\times 11$ 英寸的通缉海报,并为班上每个学生复制一张。让每个学生在姓名栏中写上或打印上自己的名字,并将自画像订到或粘到通缉海报中所指定的位置。然后,让学生在自画像下方的划线上写出三个自己独特的特征。年龄较小的学生可能要向教师口授自己的特征,由教师代写。

变化

就胶卷及其洗印作一小笔投资,教师就可以带一架照相机,为每个学生拍一张照片。然后将照片贴到通缉海报中。还可以将海报汇编成

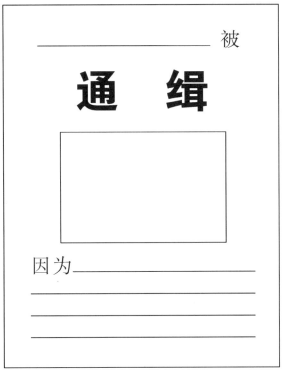

图 5.6　通缉海报

一本可在班里展示的大书。大书中还可收入学生所画的有关他们乐于做的事情的绘画，以代替创作通缉海报。可以将图画放到大纸上，下面用一两个句子描述所完成的作品。给大书装上耐久封面以便学生轮流将其带回家与家长分享。

来源：Linda Henika，小学教师。

家庭档案

目的

本策略通过鼓励学生调查自己的国籍、种族和家庭传统增强自尊。通过这一过程,他们了解自己独特的价值,并欣赏同班同学家庭背景的多样性。

TARGET 结构

任务;认可

适用年级和学科

本策略在小学尤其有用。

步骤

在学年之初,告知全班,要求每个学生制作一本描述自己家庭的国籍和背景的家庭档案。档案应该有 8 到 10 页长,可以按照下列格式制作:

封面——包括学生的姓名、年级、学校和日期的装饰好的封面。

第 1 页——我的家庭。本页应该包括学生家庭的图画或者照片。当学生有两个家庭时,这种情况常常是离婚家庭,都可以包括在内。

第 2 页——我的住宅。本页应该包括学生的住址和电话号码,还应该包括学生居室的图画或者照片。

第 3 页——庆祝。本页应该包括有关各种节假日、传统和文化事件的家庭庆祝活动的图画或者照片。

第 4 页——娱乐。本页可以包括家庭在闲暇时光的娱乐活动事例。

第 5 页——食物。本页可包括家庭成员喜欢做的、最喜爱的食物的图画和食谱。

第 6 页——才能和爱好。本页应该包括有关家庭成员的特殊才能或爱好的画面或者照片。

第 7 页——家务。本页应该包括有关家庭成员在住宅内外做家务的画面，还可包括要求学生每周都做的家事。

第 8 页——祖先之根。本页可以包括学生的祖先的出生或成长之地所在国家或州的地图或图画。

应该鼓励学生邀请家庭成员参与家庭档案的制作。照片、杂志图片和学生的绘画都可以用作档案中的图例。家庭档案可以用叠片结构装订成本，并与同学分享。在学年结束时，学生可以将档案带回家作为纪念品。

变化

在一个学年里，可以每周安排一名学生与全班分享其家庭档案。为此可以每周留出半小时，并且邀请其家人到班里来听该生的介绍，或向全班介绍其家庭的历史和祖先的根脉。他们还可以与全班分享他们的爱好、职业或民族食物。有些教师可能要让学生用厚纸做娃娃，给它们穿上反映学生祖先传统服饰的衣服。然后将它们悬挂到一个活动装置里，以反应班级的多元文化方面。

来源：由小学教师 Renee Dassaw 改编自阅读专家 Georgia Janza 的演讲。

策略 5.20

成就和目标单

目的

本策略通过帮助学生关注自己愿意实现的成就和目标建立自尊感。

TARGET 结构

任务;认可;评价

适用年级和学科

本策略可用于小学各年级。

步骤

本活动一开始,教师和学生一起讨论他们自婴儿期以来已经获得的成就和能力。强调人们在不断地学习,当完成了以前不会做的事情时通常会感到骄傲。用你自己作为例子,分享最近所完成的让你感到骄傲的事情。

发给每个学生一张纸,让他们对折成四部分。让他们将左上部编号为 1,右上部为 2,左下方为 3,剩下的部分为 4。要求全班学生在这张成就/目标单上的每个部分上各画一幅画,回答下列每个未完成的陈述(你将会发现,将其写到黑板上或者幻灯片上很有用):

1. 我为之自豪的我能够做的一件事是……
2. 去年我不会做而现在会做的一件事是……
3. 我现在做不来,但可能明年学会做的事情是……
4. 我现在不会做但可能五年后能够做的事情是……

为了示范设立目标和感到自豪的成就,教师与学生一起完成一张成就/目标单很重要。在每个人都完成后,让学生围成一圈,在组内分享自己的画及答案。这种相互作用将帮助学生考虑被他们忽略的成就和目标。

当所有学生都有机会分享他们的成就/目标单之后,他们可以将其带回家与父母、兄弟姐妹或亲戚分享。教师也许要发一封信,请父母与孩子讨论他们的成就和目标。

变化

学生和教师为此可能要带照片或者录像带以展示他们要完成的活动或实现的目标。有勇气的教师会带来他们自己在学生一般年纪时的照片。教师和学生可以将他们的成就/目标单和照片放到教室的墙上或者展板上。

可以将活动分成两个部分:第一天关注令人自豪的成就,第二天专注于短期和长期目标。这些可以分别陈列在题目"看,我现在能做什么"和"看,我将要做什么"之下。

来源:改编自 Deanna Biermann-Schroeder 二年级教师。

第六章

激发学生参与学习和享受学习的策略

精神病专家 William Glasser(1984,1985)认为,对于全人类来说,对于玩乐的需要是基本的需要,人们寻求能提供生理、社会、认知或心理愉悦的活动。同玩乐需要密不可分的是个人对于笑的欲望。

依据定义,激发内在动机的活动为个体提供玩乐或享受,但玩乐和享受需要并不局限于激发内在动机活动。许多为实现外部目标而进行的活动也能满足类似的需要。例如,许多教师都发现,工作中有很多享受和乐趣,但是如果没有工资似乎没人会继续从事教学工作。所有学生都寻求从学校活动中得到乐趣和享受,这好像很合理。当让学生描述激发他们尽最大努力学习的任课教师时,他们总是描述那些对课程内容充满热情并想尽办法使学习充满乐趣和变成享受的教师。然而"快乐"一词在学校里经常是声名狼藉。显然,许多教育工作者认为学习一定是件苦差使,如果学习是快乐的,那就是不够严肃或者没有意义。然而,这种观点一再被学生对高度激发他们尽力去做得最好的课堂描述所驳斥。正是这些课堂,学生最愿意花大量时间学习并实现课程目标。

关于激发学生学习兴趣和享受学习的建议

1. **寻找使学生积极参与学习过程的方法**。当学生的身心能动地建构意义和整合观念与技能时,他们变得积极参与学习,而不仅仅是旁观者。

2. **将学习目标与学生的经验相联系**。个人经验是真实具体并具有情感价值的。因此,承认学生的经验并将其用于学习过程会激发学生的内在动机。

3. **评估学生的兴趣、爱好和课外的活动**。如果教师要使教学内容与学生的兴趣和经验相联系,教师就要对此很在行。

4. **间或呈现信息,站在与学生的假设相对立的立场进行辩论**。当学生受到对立的看法与观点的挑战时,会刺激他们寻找理由为自己辩护、澄清事实或者改变观点——整个过程都要求积极参与和支持内在动机。

5. **用幽默、个人经验、相关信息和课文中反映人类特性的轶事支持教学**。学生对于课文中有关人的、幽默方面的内容接受能力很强,因为它们有助于教学材料更直接地与学生自己的情感和生活相联系。

6. **运用发散问题和头脑风暴活动激发学生主动参与学习**。无对错的问题鼓励创造性思维,并激发内在的参与和冒险。

7. **在保持课程核心内容和结构不变的情况下变化教学活动**。通过活动和方法的变化,教师可以使学生期盼每堂课都有出乎意料的挑战和刺激。

8. **当自发行为强化学生的学业兴趣时给予支持**。教师应该准备在学生的兴趣为非直接包括在教学内容之中的话题所点燃时,偶尔偏离课时计划。

9. **通过尽量控制声音、姿势、身体动作、目光接触和面部表情,教师可以评估自己在教学中所传递热情的程度**。倾向于学习的态度是引发的而不是教出来的。呆板的、令人厌烦的和消极的教师,不会引发出学生积极和热心学习的态度。

10. **应该回顾和修订教学目标,以确保教师认识到它们的价值并保证所有学生都达成目标**。如果希望激发学生的兴趣并使他们参与学习之中,教师必须确保所教内容有价值,值得教。

角色转换日

目的

本策略提高学生的学习兴趣和参与学习的积极性,并能使学生体验多样化的在校学习日。

TARGET 结构

任务;权力;认可

适用年级和学科

本策略经改编可用于小学高年级、初中和高中。

步骤

本策略允许学生接任各种学校人事角色一天。在转换日的准备期间,教师向学校的所有教师和职工进行调查,以确认那些愿意花一天时间来帮助学生接任他们的角色的人。教师编制一张教师志愿者表,然后与学生讨论从事每一角色所必须的各种技能。在讨论好所要求的技能后,教师问学生是否愿意接任其中的一个角色一天,并简要说明他们的第一、第二和第三选择。由于可能有几个学生想要接任同一角色,做出选择常常是一个需要小心处理的过程。教师可能要成年合作者做出决定,但如果最少的技能就能满足岗位需要,这时也许用抽奖的方法确定委派是最公平的。

委派了角色的学生应与相应的教职工进行一次会谈,讨论在转换日期望自己做些什么,学会所要求的技能,或者获得有关他们必须计划的任何课、餐饮或具体事件的信息。如果有必要的话,后续会议应列入议事日程。

在转换日,称呼学生正式的姓名,要求学生身着与角色相适合的服装。即为担当校长角色、秘书职位或教学职责而着职业装,如果代替物资保管员则要穿制服,作为厨房人员要求带发网和手套。

在转换日,首先,学生到分配的岗位去报到,按照职务、学生的年龄和技能水平、安全以及法律要求,接受尽可能多的岗位职责。在一天结束时,应鼓励成年合作者向该学生提供有关他们的表现的反馈。

如果所有或大多数学生都接受了委派,可以在这一天将教室变成教师休息室,以便让学生在不干扰在岗教职工的情况下休息和放松。应努力提供与在岗工作人员可以得到的同样舒适的环境(汽水、款待、电视、舒适的座位、报纸等等)。

第二天,应鼓励学生评价在角色转换期间取得的成功,他们遇到的主要困难是什么,以及他们最喜欢该岗位的哪一部分工作。鼓励学生写表示谢意的便笺给成年合作者,这非常重要。

学生似乎从有机会担任不同职业角色的体验中得到了很多快乐。因为在大多数学校环境中可以得到广泛的、各种各样的职位,采用这一策略使得让所有学生都体验成功成为可能。

变化

如果有要求限制,转换可以只用半天,或者甚至一个时段。

来源:Jeanne Koblewski 和 Melissa Zeman,小学教师。

函数计算器

目的

本策略通过一个具有挑战性却又简单的活动,激发学生学习小学数学函数的兴趣并参与到学习中。

TARGET 结构

任务;认可

适用年级和学科

本策略经改编可以适用于几乎所有年级的数学课。

步骤

一开始,将函数计算器抄到黑板上,或者用一只永久记号笔抄到投影仪使用的投影片上(见图 6.1)。在纸上写一个简单的数学方程式,但不要让学生看到,让学生提出一个 1 到 10 之间的数字作为 X 值,并记入函数计算器的 X 栏。要求学生将函数计算器抄到笔记本上,当他们看出该函数对应规则时,填写到 X 栏和 Y 栏的上方。运用先前写下的方程,你在心中或者一张草稿纸上计算出 Y 值,将其写到 Y 栏之中。

让另一个学生提供一个新的 X 值,你在相应的位置写下相应的 Y 值。发现了函数对应规则的那些学生将会举手,要为下一个 X 值提供 Y 值。为了避免出现使学习落后的学生失去信心的竞争氛围,请看出了函数对应规则的学生列出该函数的其他变量。当所有学生都发现了该函数对应规则时,将该函数写到函数计算器的最上面一栏。然后让学生分享他们所揭示的函数变量。对于年龄较小的学生,函数可以非常简单(如

$Y =$		$Y = 2X + 1$	
X	Y	X	Y
		3	7
		5	11
		1	3
		0	1

$$Y = \frac{4X + 2}{2}$$

图 6.1 函数计算器

$Y = X + Z$），而允许学高等代数的学生使用计算器，让他们用较难的函数（如 $Y = \sin X$）互相出难题。

变化

　　根据学生先前使用数学符号的经验，对小学生可能要在函数式中用"f(x)"取代"Y"。

　　来源：Sally Yakel，数学和学习技能教师。

节奏匹萨

目的

本策略帮助学生将音符的分值与形象化说明相联系,以提高学习兴趣并参与到学习之中。

TARGET 结构

任务;分组;评价

适用年级和学科

本策略在初中和高中各年级最有用。

步骤

将全班划分成由三人或四人组成的小组。每组取一个"匹萨盘"(见材料表),一袋"匹萨片"和一张记录纸。指导各组将各种匹萨片组合放到他们的盘上以拼出完整的"匹萨"。然后将匹萨片上的 4/4 拍音符写到小组的记录纸上。应该记录尽可能多的不同音符组合(见图 6.2 中的样例)。

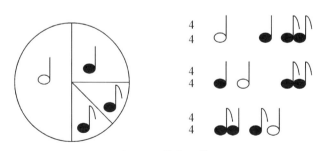

图 6.2 节奏匹萨

一旦一张匹萨上的音符的所有组合都已经写出,该组可以用不同的音符组合装配一个新匹萨。然后应将新匹萨上的音符的所有可能组合写到记录纸上。

材料

要求给每组配备以下材料：

● 纸盘,含标题"匹萨盘——4/4 拍中的一拍"

● 两个分别画有½音符的半圆盘

● 四个分别画有¼音符的¼圆盘

● 八个分别画有⅛音符的⅛圆盘

● 十六个分别画有1⁄16音符的1⁄16圆盘(可以用更小的数字)

● 一张记录音符组合的横格纸

当学生似乎列出了所有可能的组合时,教师让每个小组统计他们发现的节拍的总数。于是可以确定全班发现的节拍总数,还可将得分单陈列在公告栏中。

变化

在接下来的时段,可以让每组演奏他们的节拍,或者将他们的节拍结合到节奏乐曲之中。

来源:Linda Ruesink,小学音乐教师。

动物的事实或者虚构

目的

本策略激发学生的学习兴趣和学习乐趣,形成自我决定和自主性,还可以促进学生独立研究技能的提高。

TARGET 结构

任务;权力;分组

适用年级和学科

尽管采用的是一个二年级的事例,本策略经改编可适用于几乎所有年级和学科领域。

步骤

活动一开始,教师阅读来自二年级读物《逍遥游(Going Places)》(Simon,1993)中 Semour Simon 的"动物的事实和虚构"(Animal Fact and Fiction)。该故事的写作方式使教师可以提出有关某一特定动物的描述,然后询问学生他们认为描述的是事实还是虚构。(让学生在 3×5 卡片上写上词汇"事实"或"虚构",然后对每一描述举起他们认为合适的卡片,这样做也许好用。)典型的描述包括:鸵鸟把头埋进沙里,狗用它们的尾巴说话,豪猪射出它们的刺。

在学生列举完了故事中的陈述后,向他们提供各种有关动物的图书(学校图书管理员应该是有用的资源)。鼓励学生阅读他们感兴趣的动物读物,并且至少确定三条关于该动物的事实性描述。然后他们应该再编写三条有关该动物的、而同学可能认为是事实的虚构性描述。他们也可画一幅该动物的图画,或从书中找出一幅,以便可以与全班分享。教师可以为这个项目分配一定的课堂时间,并鼓励学生在家里继续他们的探索。

在指定时间,给每个学生以机会向全班描述他们的动物,展示他们的画作或图片,然后呈现他们的事实性或虚构性描述,让全班举 3×5 卡片表决。汇总正确或不正确表决的记录。学生也可能想向其他班级展示他们的项目,将所有的画作和描述放入班级自己的《动物的事实和虚构》书中,陈列到教室里或学校图书馆中,从而将活动推向高潮。

变化

让每个小组选择一种特定动物,每个小组成员都来编辑事实性或虚构性描述,本活动就成为有用的合作学习活动。

来源:Bonnie Kovelan-Hansen,小学教师。

定向越野赛跑

目的

本策略激发学生的学习兴趣并参与到学习之中。它还发展班级成员之间的积极相互依赖和联系感。

TARGET 结构

任务;分组;时间

适用年级和学科

本策略经改编可适用于四到十二年级,但尤其适合正在接受户外教育、学习看地图、生态学或自然科学的初中生。

步骤

在开始上课之前,教师用优质指南针在学校所属区域标示出一条五段定向越野赛跑路线。五个点标应该是距离目的地合理距离的特殊地标(树、树桩、柱子)。

教师向全班介绍指南针的特性和使用方法等定向运动技能。然后将全班划分成由五人组成的小组,每组的一个成员到教室的前面接受指南针使用方法的直接教学。同时安排其他学生进行相应的户外活动,如测量树木和绘制地图、观察研究野鸟、捡拾杂物和绘制野外生活略图。

然后给每个小组完成定向越野赛跑一次机会。在跑到距离第一点标所要求的步数时,第一位小组成员用指南针保持正确方向(其他小组成员紧跟其后)。然后第一位成员教另一成员如何使用指南针引导小组跑向第二个点标。当到达每个点标时,小组记录员绘制定向越野路线图,清晰地标明每个点标。在每个小组成员都完成了其赛段后,他们完成绘图并回到教室,以便另一个组开始其赛程。如果某个小组没能识别出点标,则在所有小组都完成了第一次赛程之后,让他们重赛以找出错在何处。可以随机选择一个小组帮教师用步幅测出要完成的另一条定向越野赛路线。

变化

教师可以让各组同时进行竞赛。在这种情况下,每个小组在不同的位置以自己设定的方向开始。

将小卡片放到赛程中每一点标底部附近不容易看到的地方,是年龄较小的学生所喜欢的一种变化。当学生成功地找到地标时,由卡片指示他们"做十次跳娃娃"或者"像狼一样嚎叫",然后继续跑向下一个点标。

来源:Row, K., Gilchrist, S., & Borneman, D. (1993). *One bird-two habitats:A curriculum unit for middle schools*. Madison, WI:Wisconsin Department of Natural Resources. 由初中英语教师 Katy Grogan 改编。

引导预期

目的

本策略通过鼓励学生运用先前知识对于学习内容进行预测以引起学生的好奇心并参与到学习之中。

TARGET 结构

任务;权力;评价

适用年级和学科

本策略经改编可适用于几乎所有年级和学科领域。

步骤

本策略运用预期指南使学生专注于课文阅读,该指南由三到五个陈述组成,陈述内容对于学生的先前知识和信念要么构成挑战要么给予支持。学生仔细考虑这些预期指南,然后阅读课文选段以确定自己的先前知识的正确性。

下面的例子是初中科学课有关闪电内容的预期指南(Wham,1988)。让学生阅读下列有关闪电的五条陈述,并确认那些他们认为是真实的观点:

1. 闪电绝不在同一个地方发生两次。

2. 在电暴期间打电话是安全的。

3. 在暴风雨期间,在车里比在船上安全。

4. 在暴风雨期间,关闭电器很重要。

5. 雷声是受热空气快速膨胀所发出的声音。

然后教师组织一次有关闪电的讨论，讨论在学生个人有关知识的基础上进行。教师应避免肯定或者反驳学生有关闪电的观点，这很重要。在学生有机会阅读课文证实了自己的知识之前，所有观点都是合理的。

　　下列准则对编写预期指南很有用（Readence，Bean，& Baldwin，1981）：

　　1. 教师审查该话题的课文材料，以确定要强调的主要观点。

　　2. 教师编写三到五个陈述，陈述应对学生的有关关键概念的观点构成挑战或给予支持。教师针对大多数学生拥有但又缺乏事实信息的观点选择陈述，能够激发他们的好奇心。

　　3. 可以用投影仪或黑板呈现这些陈述。在小组讨论之前，学生应独立决定同意还是不同意。

　　4. 在小组讨论期间，教师应鼓励学生分享他们的观点与理由，而不是简单地同意或者不同意。

变化

　　这项活动很容易改编得适用于小组合作学习。可以让各小组就引导性陈述寻求共识，并将结果与其他小组的结果进行比较。

　　在学生阅读完课文之后，可以组织第二次讨论。他们也许因阅读了课文中所呈现的信息而改变观点或者可能认可课文中支持或驳斥他们先前信念的段落。还可以鼓励学生考察可提供其他信息的其他资源。

　　来源：Wham，M. A. (1988，Spring). Three strategies for content area teachers. *Illinois Reading Council Journal*，16(1)，52 - 55；and Readence，J. E.，Bean，T，W.，& Baldwin，R. S，(1981). *Content reading：An integrated approach*，Dubuque，IA：Kendal/Hunt.

了解作者

目的

本策略通过向学生介绍作者及其作品激发他们阅读各种文学作品的兴趣。另外,它通过提高决策和个人评价技能来支持学生的自主性。

TARGET 结构

任务;权力;评价

适用年级和学科

本策略在小学高年级和初中尤其有用,经改编可适用于高中文学课。

步骤

为班级选择一本新书,尽可能多地寻找有关作者的信息。活动开始时,选择两种方式中的一种向小组介绍作者。第一种方法,如果你与你的班级有着良好的关系,并且你愿意冒不适合扮演的风险,扮作作者向全班介绍自己。谈论你的背景,分享你在研究作者时所发现的有趣信息。描述你(作者)所写过的、作为当前作品的前导的其他故事。

举起该书,告诉全班你为什么写它。由于要从书的主题进行外推,你可能需要有点想象力。然后向全班介绍书中的主要人物,以及在故事中他们之间的关系。要以栩栩如生的方式进行介绍,尽力激发学生对于故事的兴趣。你可以选择阅读书中的一两个小片段,以提高他们对于故事的好奇心,但要当心不要透露可能有损悬念的信息。

第二种方法是描述作者及其背景。然后,你可以从作者的观点但不用第一人称介绍该书。

变化

你可以告诉学生,在计划介绍该书的那天,将会有一个特殊的客人来到班上,以引起他们的兴趣。如果你愿意,可以身着戏装以使活动进一步戏剧化。

学生特别喜欢在报告他们读过的书籍时装扮成作者。当教师预先示范这一方法时,学生似乎扮演得更加轻松自如,并提供有关人物和故事的更加完善的描述。

来源:Peggy Jo Maurer,媒体专家。

好奇问题

目的

本策略对激发学生对于一个新单元的兴趣和参与到学习之中很有用。它还可以增强所有学生的胜任感。

TARGET 结构

任务

适用年级和学科

本策略经改编可适用于几乎所有年级和学科领域。

步骤

在一个新学年、学期或者单元开始之前,教师(为每一个学生)列出一系列有关特定单元或者一般性课程内容的问题。问题应该是具体的和事实性的,并且写到自粘标签纸上。根据学生的年龄水平以及学科领域,例子可以是:有多少人生活在美国? 澳大利亚? 阿拉斯加? 威斯康星? 法国? 等等。谁是第二十七届美国总统? 翻车鱼平均有多少鳞片? 标准音阶上有多少不同的音符? 两个澳大利亚腹地的主要探险家是谁?

在活动当天,教师在每个进入教室的学生的背上贴上一个问题。问题都编上号,给每个学生的是问题编号而不是问题本身。然后,学生在教室中走动,阅读彼此的问题。他们向同学提供他们对于问题的最佳答案,但不提及问题。所有学生都拿着一张纸,记录其他同学所给的答案。

教师告诉学生,他们的职责是记录班上每个人对于自己看不到的问题的答案。在学生收集完答案后,指导他们复查手中的答案,在纸的底部写下自己认为问题是什么。在每个人都完成了任务后,让学生从背上取下标签,比较上面的问题与自己的猜测。

现在,教师可以让每个同学读出自己的问题和答案,分享他们猜测的理由,引导相关话题的讨论。教师给出问题的正确答案,然后换下一个学生。

变化

本策略通过采用有关学校、社区或州的一般性问题或事实性问题而成为有用的破冰活动。依据全班同学的成熟情况和反应,教师可以选择将本策略用于整个年度中的几个单元的开始阶段。

来源:提供者为小学教师 Ann Trow,初中数学教师 Nancy Berkas,和家庭科学,加利福尼亚-伯克利大学。

如何计分？

目的

本策略激发对于写作的兴趣和投入。通过小组活动，还可以加强归属感和联系感。

TARGET 结构

任务；认可；分组

适用年级和学科

本策略对于初中生和高中生很有用。

步骤

这一策略可以由个人进行或者在小组中实施。教师让学生选择一种他们熟悉的、能够说明计分方法的游戏或者运动。告诉学生，活动目标是写出游戏和计分所要求的步骤。教师可以阅读或者复制图 6.3 所示描述保龄球前两格的计分程序样例。

每位球员使一只大球沿着叫做"球道"的长条状打蜡木板滚动，以便击倒尽可能多的、位于球道末端的木瓶。

第一记分格——第一球

如果……

——球员瞄准不好，球滚出球道落入黑槽之中，叫做"洗球沟"。在记分单上的第一方格中的记分格中记录 0 分。然后球员再一次投球。

——球员击倒一些瓶，点数击倒的瓶数，将该数写到记分单上的第一个方格中的小记分格中。然后球员再次投球。

——球员击倒所有的瓶，叫做"全中"。将"×"记入记分单上的第一方格中的小记分格中。然后球员再次投球。

— 球员越过"犯规线",球道开始处地板上的短线,这叫"越界犯规"。在记分单上第一方格中的小记分格中记录 0 分。然后球员再次投球。

第一记分格——第二球

如果……

— 投球者第一球全中,则不投第二球。他必须坐下来,等所有其他球员投完这一记分格的第二球。

— 投完第二球后,有些瓶仍然立着,将击倒的瓶数记入记分单上第一方格中的第二小记分格中。将两个小记分格中的数字相加,将和记入小记分格下面的方格中。

— 投球者击倒所有剩余的瓶,将"/"记入记分单上第一方格第二小记分格中。这叫"补中",投球者这时必须等剩下的球员完成这一记分格。

第二记分格——第一球

如果……

— 投球者在第一记分格没有击倒所有的球瓶,点数击倒的瓶数,将数字记入第二记分格的第一小方块中。然后球员再次投球。

— 投球手的第一记分格是补中,则将击倒的瓶数加上十,记入第二记分格中的第一小方格中。然后投球手再次投球。

— 投球者在第一记分格是全中,在小记分格中不做记录。投球手再次投球。

— 球员投球全中,将"×"记入第二记分格的第一小方格中。球员必须等到下一记分格开始。

第二记分格——第二球

如果……

— 投球手第一记分格全中,并且击倒了所有球瓶,加上第二记分格所击倒的瓶数,将"/"记入第二记分格的第二方格中。在第一记分格的大记分格中记录 20。

— 投球者击倒所有剩余球瓶,在第二记分格的第二方格中记录"/"。

— 一些球瓶仍然立着,将击倒瓶数记入第二记分格的第二小方格中。将第二记分格中的两个小方格中的数字相加,再与第一记分格的击倒瓶数相加,将和记入第二记分格的大方格中。

图 6.3　保龄球前两格如何记分

鼓励学生足够具体和详细地完成对于计分程序或游戏指南的描述。向学生提供课堂时间以完成任务,然后让学生或小组向全班读出他们写的指南。接下来教师组织讨论如何使用指南和学生对于所读指南的感受。

变化

这一活动有助于几乎任何逻辑学或问题解决应用。较低年级的教师可以将本策略用于编写减法或除法指南。有些学生可能要求采用本策略创编他们自己的游戏指南。

来源：Mark Stone，计算机学习助理教授。

放大模型

目的

本策略激发学生对于内燃机操作产生兴趣和参与到操作中。帮助学生将内燃机的各部件之间的相互关系视觉化,还可强化有关机械的词汇。

TARGET 结构

任务;分组

适用年级和学科

本策略以一所初中科学课为例进行说明,但经改编可适用于几乎所有年级和学科领域。

步骤

在本例中,教师有两张有关内燃机操作的海报或图解的复印件。许多科学或者物理学课文中都有这些图解,或者由当地职业学校的汽车发动机或小发动机维修课教师推荐细化内燃机部件和操作海报的资源。将一张矩形海报或者图解复印件的短边等分成三部分,长边等分成五部分。然后,画平行线将海报或图解划分成十五个等大的 3×5 格子。用剪刀将这十五个格子剪下来,发给每个学生或者每对学生一个格子。你可以根据班级的大小调整格子的大小和数目。

给每个学生或每对学生与其手中部分相同的海报或者图解,和一个 18×18 英寸的海报板。向学生提供铅笔和记号笔,让他们将手中较小的部分放大复制到这块较大的海报板上。学生必须与有相接部分的同学一起工作,以确保线条在恰当的地方连接起来,并且有空间在他们的部分中恰当地用标签标明相应的部分。可以将第二张海报或图解复印件陈列在教室中,以帮助学生判断他们的部分和与之相接部分之间的关系。

当图解的所有部分拼完后,全班将拥有一张 $4\frac{1}{2}$ 英尺×$7\frac{1}{2}$ 英尺的海报。将教室中的部分书桌向后移,让学生将新的海报用胶布贴到地板上。这张新的、放大的海报可用于帮助学生对发动机是如何工作的形成一个视觉图像。例如,可以由志愿者装扮小燃油滴,当他们沿油路移动时,可以演示或解释在燃烧的各个阶段所发生的事情。其他人可以扮演活塞或者阀门,演示在燃烧期间或者之后所发生的事情。如果教室足够大,可以将海报放到墙上,并在整个单元的教学期间用于辅助教学。

变化

放大模型的过程可以使学生积极参与到任一学科领域的学习中。例如生物课,可以放大青蛙或蚯蚓的图解。在历史课上,可以放大战场图解、州地图或者行政区域地图。在数学课上,放大三维几何形状可以帮助学生变得主动投入学习。三人或三人以上的小组可以用于更为复杂的海报或者图解。

来源:改编自高中职业教育教师 Stephen Werner。

农夫的难题

目的

本策略支持学生的问题解决技能以激发学生的学习兴趣并参与到学习中。

TARGET 结构

任务；分组

适用年级和学科

本策略经改编可适用于几乎所有年级和学科领域。

步骤

将全班划分为由四人组成的小组，每个小组成员分别扮演农夫、农夫的狗、兔子和一袋种子。这些角色可以随机分派。如果分组后剩下一、二或三个学生，让他们与其他组的农夫搭档。

向全班读下列故事（用一种戏剧化语气制造悬念）：

从前有一个农夫，住在一条河附近。在一个罕见的多雨春季以及连日骤雨之后，洪水泛滥。农夫想，现在是将财产转移到对岸较高地方的时候了。他是一个游泳好手，可以携带他的狗、兔子或者种子袋游过河。然而，他一次只能携带一件，这样必须往返三次。在他要决定首先携带哪个的时候，发现不能留下兔子和种子袋，因为兔子有点贪吃，会将种子吃掉。他还意识到不能将狗和兔子一起留下，因为那条狗特别不喜欢那只兔子，如果有机会它会将兔子吃掉。你的任务是帮助农夫解决他的难题。

解决方法：

农夫首先携带兔子，将种子袋和狗一起留下。然后他返回将种子袋带到对岸。既然不能将兔子和种子留在一起，他返回时也带着兔子。然后他将兔子留在起点，而将狗带到对岸。他再次返回接兔子。

鼓励各组独立解决这个两难问题。如果某个小组成员以前遇到过这个问题，知道解法，要求该生不要说出答案，以使其他学生有机会自己解决这个问题。在大多数小组解决了这个两难问题后，让最先找到解决方法的小组到全班面前演示正确的解题过程。你还会发现，组织全班讨论有助于小组完成任务或妨碍小组完成任务的因素很有用。

变化

尽管可以让各组互相对抗竞争以发现解法，但两难问题本身会激发起足够的兴趣，安排小组之间相互竞争是多余的。在许多情况下，寻找解决一个复杂问题的方法本身就是一种奖赏——我们不需要外部激励以控制这个过程。

来源：不详。

策略 6.12

词汇飞溅

目的

这个富有创造性又令人愉快的预先阅读策略,对增强学生的阅读兴趣并使其参与到阅读当中很有用。

TARGET 结构

任务;权力;分组

适用年级和学科

本策略经改编可适用于几乎所有年级和学科领域。

步骤

词汇飞溅是从学生将要阅读、听讲或观看的一篇文章、书中的一章、演讲、演出或者视听材料中选出的关键术语或概念的集合。将所选词汇"飞溅"到高架投影片或海报的各处。图 6.4 提供了一个对于下列选文的词汇飞溅:

鬣蜥农庄——未来的趋势

许多拉丁美洲国家最大收入来源之一是肉食牛。由于饲养肉牛要求大片的草场,经常导致大片树林被砍伐。哥斯达黎加和巴拿马的研究小组致力于寻找不毁灭森林又可提供食物和收入的实用替代方法。他们提出了鬣蜥。

说到绿鬣蜥,"它们丑陋无比,像史前生物,想到要吃它们就极为反感",史密斯热带研究所主任 Ira Rubinoff 说。并且大多数北美人可能都

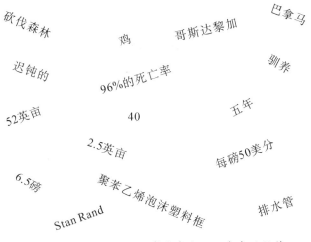

图 6.4　词汇飞溅，用于鬣蜥农庄——未来的趋势

同意这种说法。但在拉丁美洲，数千年来人们一直认为鬣蜥好吃。这些六脚鬣蜥笨重、缓慢而迟钝，它的白肉味道有些像鸡肉，一直是猎人们捕猎的对象。研究者在七年前所提出的鬣蜥可以成为理想的家畜，这很合乎情理。全世界平均每分钟砍伐 52 英亩雨林，极大程度上都是因为养牛业需要牧场。但是，如果树居鬣蜥被大量驯养，它们所提供的肉可以养活拥有者（或者在市场上每磅可卖 50 美分），而树可以留在原处。

鬣蜥专家 Stan Rand 认为，也可以做一点调整，发明一种鬣蜥蛋孵卵器，结合捕食者控制，可以降低 96% 的鬣蜥蛋死亡率。确实，鬣蜥研究项目（Dagmar Werner 领导的）花费了整整五年驯化这种动物，尽管有人认为应该用一百年来进行驯化。

将研究结果应用于雨林，证明是研究者的专长。采用当地农夫容易承担得起的方法，他们事实上消灭了鬣蜥的雏蜥死亡率。首先，他们将排水管改装到蜥巢中，然后将装有土壤的聚苯乙烯泡沫塑料冰柜改装成孵卵器。不可思议的是，鬣蜥立刻就接受了这两个系统。新孵出的雏蜥在笼中养育到七个月，当做好应对野外危险的准备时，将它们放到布有喂食站的森林之中。因为雌蜥一次产蛋 40 枚，鬣蜥迅速大量繁殖。

研究者估计，采用他们的方法，一个社区在 2.5 英亩的森林中每年可以饲养 100 只重 6.5 磅的鬣蜥——比许多拉丁美洲大型养牛牧场每英亩生产更多的肉。看到鬣蜥如此繁殖，村民绝对会热情高涨，发疯似的为建新农场而植树。没有人会再去焚烧树木了。[1]

然后，要求学生完成预测这些飞溅的术语与题目之间的关系的完整陈述。可以将全班分成小组进行这项活动，由小组记录员保存小组的陈述列表。当各组都完成后，让各组的记录员向全班汇报小组的预测。

接下来，向全班呈现同类题目的阅读材料、演讲或视听材料。在全班阅读了学习材料，或聆听了演出之后，鼓励各组讨论他们的预测，或在考虑到新信息后更改他们的陈述。

变化

在熟悉了本策略之后，学生可以创编自己的词汇飞溅。用这样的方式，本策略鼓励学生总结读物或演出的最重要的信息。

来源：[1] 摘自 Bilger, B. (June, 1989). "Beyond Beef." *Earthwatch*. Reprinted with permission from the publisher. Figure 6.4 is taken from Bruce Wellman (1993). Wordsplash is adapted from the work of Dorsey Hamond, Jon Saphier, and Bruce Wellman. 由小学教师 Connie Amann 提供。

圆桌说唱

目的

本策略可以提高对语言艺术技能的学习兴趣并参与到学习当中,同时支持小组联系感。

TARGET 结构

任务;分组

适用年级和学科

本策略在小学中最有用,但圆桌说唱程序经改编可适用于几乎所有年级和学科领域。

步骤

将全班分成由四人组成的小组。准备一张有关学习单元的主题列表,为每一主题选择一个关键词。将每个主题及其关键词写到一张纸条上,确保主题及其关键词的数目与小组数一样。将纸条放到一只盒子或者一顶帽子里,让每个小组随机选择一个主题及其关键词。

在每个小组都选择了主题后,鼓励小组成员想出尽可能多的有关所选主题的词汇,并用关键词做韵脚写押韵诗。而圆桌程序可以保证每个小组成员都有机会对此过程作出贡献。在小组中传递一张纸和一支铅笔,每人轮流在列表中添加押韵的词汇,而小组的其他成员保持安静。如果某个学生想不出可以添加的词汇,在等待 15 秒钟之后可以将纸条传递给下一个人。列表继续在学生中传递,直到所有成员都想不出新的词汇。

一旦形成押韵词汇列表,再次采用圆桌程序形成包含每个押韵词汇并与小组主题有关的短语列表。接下来,每个小组成员一起将短语组织成通顺的、与主题故事有关的说唱歌。可以在背景中播放说唱音乐以帮助建立节拍。["流行说唱"(Rap Hits)来自口袋歌曲,MMO 音乐组合,Inc.50s. Buckhout St. ,Irvington,NY10533,提供无词说唱音乐。]可以鼓励各组自己练习,然后向全班演唱他们的歌。

圆桌说唱样例

主题:秋

韵脚词汇:秋高(fall)

说唱:

林荫道上有个人叫"鲍"(Paul)

路对他还太高。(tall)

可能是他还太小?(small)

现在已经是秋高。(fall)

贝贝已经会爬了(crawl)

爬向那让人畏惧的墙角。(wall)

年老的先生,名叫"郝"(Hall)

扔给他崭新的球宝宝。(ball)

耙松秋叶遍道,(fall)

做着家庭琐事,故事现在讲完了!(all)

主题:秋

韵脚词:猫(cat)

说唱:

在这阴森夜晚,耗子惊恐啪啪跑,(mat)

我看到,地垫上蹲着一只黑猫。(pat)

扑通通,硕大南瓜落下了。(splat)

我坐着,巫婆戴着扁帽。(sat)

戏装小鬼正在亲吻小耗,(rat)

硕大肥猫带着巫婆的帽子飞跑。(hat)

237

我在门口地垫上绊倒，（doormat）

无论施诡计或是糖弹，现在你不能脱逃！（that）

主题：秋

韵脚词：鬼妖（ghost）

说唱：

我看见一个饿鬼在跑，（ghost）

它似乎正在吃面包，（toast）

宴会中我吃得最饱，（most）

后来，我又把它烤，（roast）

我去拜访宴会的东道，（host）

他住在海边的城堡，（coast）

我痛恨自大，但必须自我夸耀，（boast）

这消息来自于晚报。（post）

威斯康辛州伊凡斯维尔的 Levi Lennard 小学 Hill 夫人四年级班级学生展示"圆桌说唱"。

变化

根据班级学生的年龄和学科领域，一旦选好主题，可以让学生选择他们自己的押韵关键词。制作小组表演录像带，可以增加学生的兴趣，并为与其他班级或者家长分享提供一个作品。还可以鼓励各组选择说唱小组组名，并创作标志或者形象以增强他们的表演。圆桌说唱可以围绕社会问题组织、或者用于呈现科学研究发现。还可以用于演示做广告和宣传的力量。

来源：Betty Hill，小学教师。

"15"

目的

尽可能充分利用课堂的每一分钟,这个快速的小游戏在课的开始用作点名活动,用作等待下课铃的结束活动,或者用以充实内容转换期间惯常的无活动状态,以提高学习兴趣并参与学习。

TARGET 结构

任务;分组;时间

适用年级和学科

本策略在初中和高中数学课上尤其有用,但也可以用于其他年级水平和学科领域。

步骤

这个活动与同伴一起玩,并且最好由学生自由选择同伴(教师可能要帮助害羞的学生找一个同伴)。用一张纸和数字 1 至 9 玩这个游戏。玩家轮流每次选择一个数字,直到一个玩家的任意三个数字之和为 15 则获胜。某个数字一旦被选择就不能再用。如果学生将所选数字以多列并排形式写下来,以便每个学生都能看到已经选用的数字,这样游戏更容易进行。

图 6.5 提供了一个"15"游戏的样例。玩家 A 开始选择了 7,并将 7 写到自己的列中。玩家 B 决定选择 8,并将 8 写到剩下的某列中。A 接着选择 2,这意味着 B 必须选择 6 以阻止 A(7+2+6=15)。A 选择 1 以阻止 B(8+6+1=15)。然而 B 选择 4,这意味着 A 失败,因为剩下的三个数字

(9、3 和 5)和两个数字(3 和 5)将使 B 赢得游戏(8＋4＋3 和 6＋4＋5)。

玩家 A	玩家 B
7	8
2	6
1	4
9，3 或 5	9，3 或 5

图 6.5 "15"

在学生玩过几次"15"游戏之后,鼓励他们尝试画出游戏的一个模式。有些学生会发现这个游戏与"连城"(tic-tac-toe)游戏相似,如果记住了模式,他们将比仅进行随机选择做得更好。模式是:

2　　9　　4

7　　5　　3

6　　1　　8

变化

学生可以用词汇 HOT、TANK、TIED、FORM、HEAR、BRIM、WOES、WASP 和 SHIP 代替数字 1 到 9。游戏的玩法是相似的,但是应将所有词汇写到板上,第一个选出三个有着相同字母的词汇者为赢家。同样可以将词汇以下列画"连线"游戏格式分布:

HOT　　　　FORM　　　　WOES

TANK　　　HEAR　　　　WASP

TIED　　　BRIM　　　　SHIP

来源:Bill Dehn,高中数学教师。

笔友野餐会

目的

本策略对激发学生写作的兴趣和享受写作很有用。

TARGET 结构

任务;分组

适用年级和学科

本策略适用于小学的大多数年级。

步骤

本策略要求教师联系位于同一城市其他地方或附近社区中其他学校的同一年级的教师。然后两位教师在他们的两个班级中安排笔友。通常采用随机选择方式匹配两个班级的学生。当班级学生人数不同时,有些学生会热切志愿做两个人的笔友。

在安排好笔友后,可由教师决定哪个班级先寄出第一封信。开场信件内容可以包括作者的照片,以及关于作者的家庭、宠物、朋友、最喜欢的运动、音乐、书籍或其他兴趣爱好的描述。将信集中起来,放到一只大信封中寄出,学生将会焦急地盼望收到回信。

制订一个每隔三周或四周交换一次信的计划很有用。学生可以就个人生活的许多方面进行比较,可以交流有关所在学校及其教师的信息。内容还可涉及诗歌、艺术作品和他们所编写的故事。所问的问题如"你们学了草写体了吗?""你们还有多长时间学乘法?"以及"你正在阅读什么书籍?"

本策略的高潮活动是在接近学年结束时两个班级的野餐。活动可以在中心公园举行,由家长志愿提供交通工具和款待学生。然后学生可以交换家庭地址,在暑假中继续写信。尽管与新朋友通电话比较容易,教师还是要鼓励学生避免这种诱惑,以便在暑假期间继续提高写作技能。

变化

笔友信件可以由个人邮寄而不是全班一起邮寄,允许学生更频繁地写信。年龄较小的学生可能更加喜欢交换艺术作品而不是写信。教师可以隔一两年采用"大哥哥"和"大姐姐"笔友方法匹配班级。可以鼓励大些的学生成为受到小些的学生所尊重的积极的榜样。

来源:Linda R. Johnson,Jeanne Ste. Marie 和 Debbie Oswalt,小学教师。

钓鱼

目的

本策略提高对于复习加法和减法事件的兴趣并参与其中。

TARGET 结构

任务;权力;认可

适用年级和学科

本策略最适合幼儿园到两年级学生。

步骤

用一个类似图 6.6 的模板,从厚彩色美术纸上裁下大约 20 条鱼。用薄片叠压成鱼将保证用得时间长一些。将一个加法或减法问题写在鱼的一面。另一面用鱼的眼睛和鳃装饰,将一个纸夹或者钉子粘到鱼的中

图 6.6 钓鱼

心。将鱼问题面朝下分散放在教室的一小块区域中。接下来,用杆和线绳制作鱼竿,在线的末端系上一块小蹄形磁铁。

要求全班学生假装要进行钓鱼之旅。在出发去鱼塘之前,他们可能要制作水手帽以保护头部免于日晒。教师可以发给每个学生一张报纸,演示如何将其折叠成水手帽(见图 6.7)。(对于非常小的孩子,教师可能要事先做好帽子,简单地发给每人一只。)

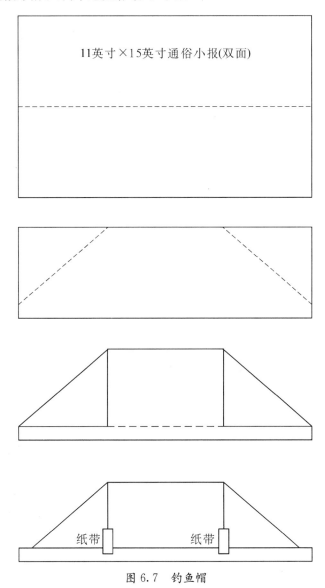

图 6.7 钓鱼帽

学生带上帽子,蹑手蹑脚地走向鱼塘,围着鱼坐成一圈。让学生保持安静以免将鱼吓跑。让学生每次钓一条问题鱼。当学生将鱼钓上岸后,教师应问他们钓到了什么。这时,学生应大声读出问题,例如"5＋2＝?",然后解决该问题。如果学生的答案正确,他们应将鱼交给老师,将鱼竿递给左边的同学。如果回答错了,则将鱼扔回塘中,让其他学生去钓。应将鱼正面朝下以免暴露了问题,教师让学生闭上眼睛几分钟以将该鱼与其他鱼混到一起。当所有的鱼都被钓起时,游戏结束。

变化

也许最好在四人或五人组成的小组中做钓鱼游戏,以免学生轮流等候时无趣。除了数学问题以外,教师可以用带子将有关颜色、形状、基本的见物识字词汇、星期几、月份或者答案简短的复习问题等不同问题系在鱼的背面。

来源:一年级教师 Lisa Gottschalk 提供。

策略 6.17

人工加法器

目的

本策略通过让学生观看老师靠心算求一长列四位数之和激发他们的好奇心和兴趣。这一令人印象深刻的技艺将会使学生感到惊奇,从而会主动参与到学习该技艺之中,以便他们能够用这种心算技巧让其他人留下深刻的印象。

TARGET 结构

任务;认可

适用年级和学科

本策略经改编可适用于几乎所有年级和学科领域。

步骤

本策略采用一种简单但令人印象深刻的程序,使教师不用分别加就能迅速地将一长串三位、四位、甚至五位数加在一起,而且不是通常的从左向右计算,而是从右向左。

开始,让学生喊出四位数字,你把它们写到黑板上。例如,取任一第一个数字,假设是 6537。将这个数字写到黑板上:

6537

接着取任一第二个数字,如 7431。现在你有:

6537

7431

这时,你将自己的数字写到列表中。这个四位数的每一位与上面的

数位数字之和为 9。在本例中,数字应为 2568:

6537

7431

2568

现在,你取学生提出的另一个数字。假设他们给你的是 6952。将其加到列表中如下:

6537

7431

2568

6952

现在将 3047 加到列表中,因为它的每个数位与上面的相应数位之和为 9:

6537

7431

2568

6952

3047

再取另一个数字。在我们的样例中假设是 7211。将它和相应数位之和为 9 的数字加入列表中:

6537

7431

2568

6952

3047

7211

2788

你可以继续这一程序,但到此已足以说明这个加法程序。首先,数出各位之和都是 9 的数字对数。在本例中有三对:7431 和 2568、6952 和 3047、7211 和 2788。

数字对的数量,本例中的 3,就是答案中的第一位数。接着,从第一

248

个数字中减去数字对的数量，差就是答案的后四位数。在此，答案是
36 534：

6537

7431

2568

6952

3047

7211

2788

---

36 534［数字对的数量（3），接下来是第一个数减去数字对数量
（6537－3）＝36 534］

一点快速加法的表演技巧将会使你的技艺更为令人难忘。请一个
学生用计算器核实你的加法。如果你仔细地执行上述程序，你的答案就
是正确的。

有了演示这一程序的经历，你就可以采用五位或者六位数字，愿意
让数字列表多长就多长，只要让除去第一个数字之外的所有数字都组成
相应数位之和为 9 的数字对。

注意：如果一个四位数的第一位、第一位和第二位、或者前三位都是
9，那么你只能用三位、两位或者一位数字与之匹配成相应数位之和为 9
的数字对。

来源：由特教教师 Les Baumgardner 教给作者。

发言筹码

目的

本策略通过鼓励所有学生对小组讨论作出相同的贡献,增强小组凝聚力和联系感。它还可以避免害羞的学生被比较直言无忌的学生所压倒。

TARGET 结构

任务;认可;分组;时间

适用年级和学科

本策略经改编可适用于几乎所有年级和学科领域。

步骤

在学生分小组讨论有关课程内容问题时,本策略很有用。在开始课程之时或者学年之初,给每个学生一个玩牌筹码或者类似物品。可以鼓励他们用记号笔将自己的名字写到筹码上,保存在他们的书桌里以备全年使用。如果学生一整天都要到其他教室,教师可以将筹码保存在其书桌上的一只盒子里。然后,每个学生可以在进行这一活动期间从盒子中拿出筹码。

本活动的规则是,学生只有将他们的发言筹码放到桌子中央时,才可以在小组讨论中提出信息或者观点。在发过言后,他们只能等到所有小组成员都用过他们的发言筹码之后才能补充信息或者观点。当最后一个人将筹码放到中央并发过言后,小组成员才可以取回筹码,重新开始这个活动。每个在应该发言时放弃发言筹码的人,要等到所有筹码都用过之后才能取回筹码。

在第一次采用这一策略时,教师会发现学生经常在盘算什么时候用自己的发言筹码,而不注意其他人在说什么。然而,当习惯了在补充其他想法之前等待他人发言后,学生会更加注意他人的发言,而等着自己作出更有思想的贡献。

变化

在开始讨论时,给学生两个或三个发言筹码,这样小组成员就可以在其他人的想法的基础上发言,而不必等到所有的人都用过筹码之后再发言。这样既有助于使讨论更加自然,也能避免由一个或两个学生独霸发言。

当进行大组讨论时,教师也可以采用这一策略。如果几个学生似乎独霸发言权,教师可以简单地提醒学生在再次发言之前要保证其他同学都有机会用他们的"发言筹码"。尽管可能没有用有形的筹码,学生也将会学会在自己追加发言之前给他人以发言的机会。

爆米花学

目的

本策略利用学生熟悉并喜欢的爆米花,以此为出发点引入许多不同的学术内容和技能。

TARGET 结构

任务

适用年级和学科

本策略最适合于小学和初中。

步骤

对于许多学生来说,通向大脑的最短途径是胃。用食物——天然的动机激发物——容易激发学生的兴趣和乐趣。从学步的小孩到成年人,大多数人都愿意积极投入最终结果是吃的任一活动。在这种情况下,食物并不是用作诱饵,而是作为学习活动的高潮。

在孩子中最流行的一种食物是爆米花。图 6.8 列出了一些有关这一令人愉快食品的有趣的、但鲜为人知的事实。以下列表提供了有关应用爆米花学习以实现几个学科领域学术目标的建议:

语言艺术

● 为一个爆米花新品牌编写广告节目,为他们的产品选择富有创意的、描述性的名字。

● 编写一则有关"永远流行的爆米花"或者"不流行的谷类食物"的故事。

- 美国移住民经常以爆米花、水果、牛奶以及糖作为早餐。在这种固定的吃法中,爆米花吃上去有些像爆开的谷类食品。
- 两勺未爆的玉米花费在三到八美分之间,可制作一夸脱爆米花。
- 美国比世界上其他任何国家人均吃掉更多的爆米花。
- 太干的爆米花将不再流行。将谷粒放入坛中,加上两勺水,放置几天,可以解决这个问题。
- 世界上大多数谷物生长在内布拉斯加、印第安纳和衣阿华州。
- 土著美国人经常将爆米花串起来做成项圈和其他珠宝。
- 土著美国人经常用爆米花做汤。
- 在上演《明星大战(Star Wars)》期间,电影院中提供更多的爆米花。
- 1519 年,探险家科尔特斯(Cortez)看见阿兹台克人塑像用爆米花做装饰。
- 人类学家在新墨西哥蝙蝠窟(Bat Cave)中发现了 5600 年前的爆米花。

图 6.8 爆米花事件

● 描述你最喜欢的"爆米花场所"。

● 编写有关爆米花的"传奇和荒诞故事"。

● 将词汇"popcorn(爆米花)"用于提供一个长的和短的含"o"的词汇的例子。让全班列出含"o"的短词列表。

科学

● 对于爆米花的吸水性进行预测。将爆米花倒入一只玻璃杯。将水加满,杯上放一张标识卡片。让学生预测 24 小时之后将会怎样。(爆米花会吸很多水以至于溢出来。)

● 将谷物浸到水中。用湿纸巾将其放入拉链袋中。记录观察到的种子发芽的情况。

● "是什么使爆米花爆裂?"让学生对此进行假设。(当加热爆米花时,谷粒中的水分膨胀,最终引起爆米花"爆裂"。)

● 将爆米花的器具放在地板中央,让全班同学测量并用图表表示每个爆米花离开爆炉之后到达的距离。

数学

● 比较每提供一份快餐食物的成本。

● 测量爆米花在爆裂前后的体积。

● 称出爆米花在爆裂前后的重量并加以比较。

● 测量最大的谷粒的周长。

- 记录未爆裂谷粒的数量。
- 用图表表示可得出有关不同品牌爆米花品质的结论的信息。

社会研究

- 研究爆米花在土著美国人和早期殖民者生活中的作用。
- 研究美国爆米花业的规模和重要性。
- 描绘爆米花的一生,从种植到爆裂。
- 制作爆米花发展史中的历史性事件的时间表。

资源

爆米花研究所,401N. 密执安街,芝加哥,IL60611-4267。

来源:Patricia Bantz,小学教师。

地板拼图

目的

本策略用于培育小组联系感和合作。它还催生学生解决问题的热情和兴趣。

TARGET 结构

任务；分组

适用年级和学科

本策略最适合学前和小学低年级。

步骤

拿一大张硬纸板，用两种或三种颜色画上背景（用两种颜色，则每一半是一种颜色；用三种颜色，则每三分之一一种颜色）。用一支铅笔和一把尺子，在画好的硬纸板上画方格，使方格数与全班人数一样多。分给每个学生一个方格，要求在上面画一幅自画像。由于只能有两个或三个学生同时作画，应将本策略与其他活动相结合。

当所有学生都完成了自画像后，将清洁的保护纸盖到硬纸板上，用一把快的大剪刀将纸板剪成 20 到 25 块大小和形状不同的拼板。给每个学生两三块拼板。向学生说明，他们要一起用手中的拼板拼成大的班级画像。向孩子们建议，他们可以互相帮助，指出拼板放在哪儿合适，或者提出有益的策略建议，如"把拼板翻转过来"，或者"这样移动圆的部分"。然而，应该强调每个儿童自己将自己的拼板放到拼图上，这很重要。

开始时，必须提醒学生不要动他人的拼板。随着学生做地板拼图的经验的增多,将会出现更多更加清楚的言语建议,团队努力也会增加。

变化

有几种变体。教师可以用标准的 35 mm 相机拍一张全班的集体照。将照片改造成在流行杂志最后几页做广告的许多公司所用的海报。将海报贴到硬纸板上,程序如上。

为了简化对于自画像的绘制,孩子们可以将画画到小纸片上,然后剪下来贴到硬纸板上。

来源:由小学教师 Carol Flora 提供。

译者后记

不用依赖利诱或者惩罚，能够对学生的内在学习动机施加强有力的影响吗？Raffini 教授的《这样教学生才肯学：增强学习动机的 150 种策略》一书不仅给予了肯定的回答，而且倾力提供实际帮助——提出 50 条有研究基础的建议和 100 种经过教师教学实践检验的教学策略。本书推荐的 150 种教学策略帮助学生满足追求自主、胜任、联系感、自尊，以及乐趣的学业心理需要，提升他们学习的内在满足感，从而增强学生的内在学习动机。本书自出版以来，一直以其丰富的内容深获美国中小学教师的肯定。

本书由梁平和宋其辉翻译、统校。宋其辉翻译序、第一章至第三章，梁平翻译第四章至第六章。感谢华东师范大学出版社的教育心理编辑室主任彭呈军为本书的出版所付出的辛勤劳动。

由于译者水平有限，译文中的错误疏漏之处在所难免，敬请广大读者批评指正。

译者
2009 年 6 月

华东师范大学出版社教师教育类图书（部分）

教育领导（校长）用书

1. 一个称作学校的地方   39.80 元
2. 教育领导学   34.00 元
3. 有力的教师教育   45.00 元
4. 学校经营   20.00 元
5. 学校文化   30.00 元
6. 教育的感情世界   38.00 元
7. 人是如何学习的——大脑、心理、体验及学校   29.00 元
8. 教育改革——批判的和后结构主义的视角   24.00 元
9. 教学与社会变革(第二版)   59.80 元
10. 未来的课程   24.00 元
11. 为了民主和社会公正的教师教育   39.80 元
12. 学会教学：教师专业发展导引   26.00 元
13. 教育信任——减负提质的智慧   25.00 元
14. 为了学习的教科书：编写、评估和使用   49.80 元
15. 整合教学法：教学中的能力和学业获得的整合   36.00 元
16. 知识社会中的教学   29.00 元
17. 让每一所学校成为杰出的学校   25.00 元
18. 教育变革的新意义   36.00 元

教师用书

1. 为了整合学业获得：情景的设计与开发   34.00 元
2. 深度学习的 7 种有力策略   44.00 元
3. 走出"盒子"的教与学   24.00 元
4. 教师不可不知的哲学   36.00 元
5. 学校中的心理咨询   36.00 元
6. 这样教学生才肯学：增强学习动机的 150 种策略   34.00 元
7. 激发学习动机   25.00 元
8. 做一名有谋略的教师   32.00 元
9. 教师不可不知的心理学   25.00 元
10. 一个模子不适合所有的学生·差异教学的原理与实践   44.80 元
11. 体验学习：让体验作为学习与发展的源泉   27.00 元

12. 基于脑的学习:教学与训练的新科学 39.80 元

13. 高效能教师的教学锦囊 19.80 元

14. 教育启示录 24.80 元

15. 情感教育:塑造更完整的人生 28.00 元

16. 高效学习:我们所知道的理解性学习 30.00 元

17. 学会教学:教师专业发展导引 26.00 元

18. 教学设计原理(第五版) 44.00 元

19. 教学设计(第三版) 64.00 元

20. 学习心理学(第三版) 49.00 元

21. 个性化学习设计指南 24.80 元

22. 教师课堂研究指南 28.00 元

23. 向经验教师学习指南 29.80 元

24. 新教师最佳实践指南 36.00 元

25. 学习的条件和教学论 29.00 元

26. 学程设计.教师课程开发指南 34.00 元

27. 课堂观察:走向专业的听评课 28.00 元

28. 教学样式:优化学生学习的策略 49.80 元

29. 教学设计和技术的趋势与问题(第二版) 68.00 元

30. 整合教学法:教学中的能力和学业获得的整合 36.00 元

31. 为了学习的教科书:编写、评估和使用 49.80 元

32. 让学生投入、参与、兴奋的 180 个创意 33.00 元

33. 教学方法——应用认知科学促进学生学习 57.00 元

34. 教学机智论 29.80 元

35. 教师实践性知识研究 29.80 元

36. 教师教育中的案例教学法 28.00 元

37. 探索以校为本的教学研究 20.00 元

38. 教师教育改革与教师专业发展——国际视野与本土实践 39.80 元

39. 新课程背景下的教师专业发展 22.00 元

40. 教师专业发展:途径与方法 25.00 元

41. 教师能力标准:面对面、在线及混合和情境 18.00 元

42. 基于标准的学生学业成就评价 28.00 元

更多教育类图书,请登录华东师范大学出版社网站:
www.ecnupress.com.cn

图书在版编目(CIP)数据

这样教学生才肯学:增强学习动机的150种策略/(美)拉
弗尼(Raffini,J. P.)著;梁平、宋其辉译.—上海:华东师范
大学出版社,2009
ISBN 978-7-5617-7220-1

Ⅰ.这… Ⅱ.①拉…②梁… Ⅲ.学习动机-研究
Ⅳ.G442

中国版本图书馆 CIP 数据核字(2009)第 180533 号

创智学习

这样教学生才肯学
增强学习动机的 150 种策略

撰　　著　[美]James P. Raffini
翻　　译　梁　平　宋其辉
责任编辑　彭呈军
审读编辑　范燕瑞
责任校对　王　卫
装帧设计　卢晓红

出版发行　华东师范大学出版社
社　　址　上海市中山北路 3663 号　邮编 200062
网　　址　www.ecnupress.com.cn
电　　话　021-60821666　行政传真 021-62572105
客服电话　021-62865537　门市(邮购)电话 021-62869887
地　　址　上海市中山北路 3663 号华东师范大学校内先锋路口
网　　店　http://hdsdcbs.tmall.com

印 刷 者　浙江临安曙光印务有限公司
开　　本　787 毫米×1092 毫米　1/16
印　　张　17
字　　数　209 千字
版　　次　2010 年 1 月第 1 版
印　　次　2025 年 7 月第 22 次
书　　号　ISBN 978-7-5617-7220-1
定　　价　34.00 元

出 版 人　王　焰

(如发现本版图书有印订质量问题,请寄回本社客服中心调换或电话 021-62865537 联系)